Thorsten Nowoczin

Zurück ins Leben -rauchfrei-

Thorsten Nowoczin

Zurück ins Leben -rauchfrei-

Raus aus der Nikotinfalle

Trainerverlag

Impressum/Imprint (nur für Deutschland/only for Germany)
Bibliografische Information der Deutschen Nationalbibliothek: Die Deutsche Nationalbibliothek verzeichnet diese Publikation in der Deutschen Nationalbibliografie; detaillierte bibliografische Daten sind im Internet über http://dnb.d-nb.de abrufbar.

Coverbild: www.ingimage.com

Verlag: Der Trainerverlag ist ein Imprint der
Südwestdeutscher Verlag für Hochschulschriften GmbH & Co. KG
Dudweiler Landstr. 99, 66123 Saarbrücken, Deutschland
Telefon +49 681 37 20 271-1, Telefax +49 681 37 20 271-0
Email: info@verlag-trainer.de

Herstellung in Deutschland:
Schaltungsdienst Lange o.H.G., Berlin
Books on Demand GmbH, Norderstedt
Reha GmbH, Saarbrücken
Amazon Distribution GmbH, Leipzig
ISBN: 978-3-8417-5014-3

Imprint (only for USA, GB)
Bibliographic information published by the Deutsche Nationalbibliothek: The Deutsche Nationalbibliothek lists this publication in the Deutsche Nationalbibliografie; detailed bibliographic data are available in the Internet at http://dnb.d-nb.de.

Cover image: www.ingimage.com

Publisher: Trainerverlag
is an imprint of the publishing house
Südwestdeutscher Verlag für Hochschulschriften GmbH & Co. KG
Dudweiler Landstr. 99, 66123 Saarbrücken, Deutschland
Phone +49 681 37 20 271-1, Fax +49 681 37 20 271-0
Email: info@verlag-trainer.de

Printed in the U.S.A.
Printed in the U.K. by (see last page)
ISBN: 978-3-8417-5014-3

Inhaltsverzeichnis:

Vorwort & Einleitung

„Mit dem Rauchen aufhören ist kinderleicht, ich habe es schon hundertmal geschafft".
Mark Twain

Dieser Satz ist für mich die perfekte Einleitung. Jeder Raucher hat bestimmt schon mehr als einen erfolglosen „Aufhörversuch" hinter sich gebracht. Viele wollen nun endlich aussteigen, aber wo setzen Sie an?

Warum soll gerade dieser Leitfaden Sie dazu bewegen dem LASTER RAUCHEN ein Ende zu setzen?

Habe ich die ULTIMATIVE WAFFE gegen das Rauchen entwickelt?

Was unterscheidet dieses Buch von all´ den anderen?

Gibt es eine Garantie für den Erfolg?

Besitze ich eine so genannte Qualifikation? Ja, über zwanzig Jahre Erfahrung als Raucher.

Fragen über Fragen. Stelle ich mir auch, also keine Sorge. Was an diesem System anders ist?
Wir gehen es gemeinsam, wir entwickeln es zusammen. – Kein Scherz –

Ich helfe Ihnen und Sie helfen mir. Eigentlich die perfekte Zusammenarbeit für den Erfolg.

<u>Mein Vorteil den ich Ihnen bieten kann:</u>

<u>ICH BIN NOCH RAUCHER!</u>

Ja, Sie lesen richtig. Mit Schreiben dieser Zeilen beginne nun auch ich meine „Therapie“ und hoffe wir finden gemeinsam den ultimativen Weg um diese Sucht zu besiegen.

Auch ich habe es mal vor Jahren geschafft die Sucht zu besiegen und schwups bin ich wieder in die Nikotinfalle getappt.
Fast drei Jahre konnte ich der Zigarette die Stirn bieten, ich hatte auch bedingt durch Sport und Bewegung eigentlich alles erreicht, was ich mir so vorstellte.
Mit knapp 30 Jahren hatte ich wieder eine Kondition wie in den frühen jungen Jahren erreicht.
Und was passierte dann? Nach über drei Jahren ohne nur eine einzige Zigarette?
Urlaub, und es war genau der Ort, wo mein „Raucherleben“ begonnen hatte! Kein Scherz, mitten im Urlaub hatte mich die Erinnerung eingeholt und so auch das Verlangen nach Nikotin.

Dieser Rückfall dauert nun fast zehn Jahre und ich habe beschlossen:

<u>NUN IST SCHLUSS!</u>

Ich bin mir sicher, der eine oder andere Leser hat eine ähnliche Situation bereits erlebt. Rückfälle sind leider ein Thema und kommen auch noch nach Jahren vor.

Also starten wir nun gemeinsam und brechen in eine RAUCHFREIE WELT auf, für immer!

Eigentlich kennt jeder diese Situation. Es ist zu einem bestimmten Zeitpunkt genau dieser Punkt erreicht, es geht halt so nicht mehr weiter. Den Versuch diese Dinge zu ändern hat man vermutlich schon hundertfach unternommen, aber mal ehrlich – wie ERNST war es wirklich für Sie? Wie ERNST haben Sie es wirklich versucht diese Situation zu ändern? Ja, Morgen – Morgen bestimmt. Heute ist halt schlecht ....

Ausreden über Ausreden, dass wirklich schöne ist – keiner ist UNFEHLBAR – jeder, ja wirklich jeder hat seine schwache Stunde und „versagt" – STOP! Streichen Sie sofort das Wort VERSAGEN aus dem Vokabular. Es ist kein Versagen, vergessen Sie diese „Vernegativierung", setzen Sie sich nicht so unter Druck.

Wenn der entscheidende Moment für einen so genannten Wechsel da ist, dann ... ja dann ist auch die Zeit wirklich reif, die Einstellung passt sofort, der Verstand ist zu 100% zugegen und die guten Gefühle kommen ganz automatisch.
Die Zeit muss REIF sein, hört sich abgedroschen an und wird natürlich auch gerne als Ausrede genommen – aber, es ist wahr.

Auf den folgenden Seiten möchte ich Ihnen meine persönliche Art darstellen wie ich mit dem Problem RAUCHEN fertig werde. Wie ich meine Ziele erreichen möchte und wie ich es schaffen werde. Das steht fest, da gibt es kein zurück mehr. Bitte begleiten Sie mich und vielleicht gelingt es mir, uns allen eine bessere Welt zu geben – o ganz ohne Dunst. Ich weiß, ich glaube auch an den Weihnachtsmann, aber egal der Wille zählt und Taten sollten folgen. Treten Sie bitte mit mir eine Reise an, die uns Lebensqualität und noch vieles mehr bieten wird. Versprochen.

Kapitel 1 – Worum geht es?

Es geht bei mir um folgende Probleme:

- Rauchen endlich aufhören.

- Die überschüssigen Pfunde vom letzten „Aufhörversuch“ mal endlich loswerden. Nein, bleiben wir bei der Wahrheit: Insgesamt drei Versuche je 10 KILO! – Also sportliche Herausforderung steht ebenfalls auf dem Plan.

- Schlussfolgernd also ein Start in ein neues und gesundes Leben.

- Und in der heutigen Zeit natürlich auch ein finanzieller Aspekt . . . nicht zu verachten dieser Punkt.

Und nun gehe ich diese Geschichte an. Geschichte ist hier vielleicht der falsche Ausdruck. Es geht um eine Veränderung in meinen Leben, wie sie schon seit Jahrzehnten des alltäglichen Trotts nicht mehr geschehen ist. Eine Veränderung, die mein Leben komplett „aufmischt“ und mich wieder auf einen positiven und glücklichen Weg bringen soll.

Sie sind LIVE dabei und werden mit einer kleinen Verspätung das Ergebnis und die für mich optimalen Methoden kennen- lernen. Ich hoffe ich bin so auch ein Inspirationsquelle für Sie. Vielleicht sind meine Wege genau die Ihrigen, gehe ich falsch erspare ich Ihnen diesen Weg – wer weiß -.

Es wird spannend werden, kurz vorab – es gibt keinen Masterplan – der Wille und der Antrieb sind die Motoren für ein NEUES LEBEN. – Kleine Belohnungstechniken habe ich mir auch ausgedacht, ich bin ja schließlich ein Mann und das Eingesparte muss schließlich in die Elektroindustrie investiert werden . . . . .

Es wäre fatal, wenn eine große Elektronik – Konzern – Kette bald kaum noch Umsatz fährt. Dazu aber später mehr.

Kapitel 2 – Fagerströmtest

Ein kleiner Test vorab

Ich halte in der Regel nicht viel von irgendwelchen Auswertungen, Testmöglichkeiten usw. Vielleicht auch aus Angst Dinge zu erfahren, die ich bereits weiß und überhaupt nicht gerne höre.

Ich habe mich entschlossen den so genannten Fagerström – Test für Nikotinabhängigkeit mit einzustellen. Dieser Test wird sehr gerne bei Seminaren oder speziellen Programmen zur Rauchentwöhnung genommen. Sie können Ihnen ausfüllen, dauert maximal eine bis zwei Minuten, oder es einfach „überlesen". Es spielt für die nächsten Seiten keine Rolle.

Ich persönlich habe diesen Test gemacht, um auch Ihnen gegenüber „die Hose runter zu lassen", also – es tut nicht weh – Sie werden nur Dinge erfahren die Sie eigentlich schon lange Wissen.

Die Fragen sind für Raucher absolut logisch und sofort nachvollziehbar.

Mein Ergebnis teile ich Ihnen am Ende der Fragen mit. Das war für mich doch überraschend und wird mich bei meinem Vorhaben nur unterstützen.
Meine Punkte habe ich gleich mal angezeigt gelassen. Ich denke es wird sich mit vielen Angaben gleichen.

Also sehen Sie es als kleine Analyse und nutzen Sie diese zu Ihrem Vorteil.

Fagerström-Test für Nikotinabhängigkeit

1	Wann nach dem Aufwachen rauchst du Deine erste Zigarette?	☐ innerhalb von 5 min (3 P.) ☐ 6 ··· 30 min (2 P.) ☐ 31 ··· 60 min (1 P.) ☐ nach 60 min (0 P.)
2	Findest du es schwierig, an Orten, wo das Rauchen verboten ist (z.B. Kirche, Bücherei, Kino usw.), das Rauchen zu lassen?	☐ ja (1 P.) ☐ nein (0 P.)
3	Auf welche Zigarette würdest du verzichten wollen?	☐ die erste am Morgen (1 P.) ☐ andere (0 P.)
4	Wie viel Zigaretten rauchst du im Allgemeinen pro Tag?	☐ bis 10 (0 P.) ☐ 11 ··· 20 (1 P.) ☐ 21 ··· 30 (2 P.) ☐ 31 und mehr (3 P.)
5	Rauchst du am Morgen im Allgemeinen mehr als am Rest des Tages?	☐ ja (1 P.) ☐ nein (0 P.)
6	Kommt es vor, dass du rauchst, wenn du krank bist und tagsüber im Bett bleiben musst?	☐ ja (1 P.) ☐ nein (0 P.)

Ihre Punkte Punktzahl:

<u>Auswertung:</u>

0 bis 2 Punkte: Geringe Abhängigkeit.
3 bis 5 Punkte: Mittlere Abhängigkeit
6 bis 7 Punkte: Starke Abhängigkeit
8 bis 10 Punkte: Sehr starke Abhängigkeit.

Ich habe mal die zusätzlichen Kommentare weggelassen. Nur die nackte „Abhängigkeitsstufe", dass reicht vollkommen. Kommentare wie: Es wird schwer, lassen Sie sich nicht unterkriegen – das ist wohl jedem Raucher bereits vorab klar.

Mein Ergebnis? – Ich lag bei 6 Punkten, also bin ich „stark abhängig" – was immer das auch bedeuten soll. Ich war eigentlich der Überzeugung: Abhängig ist abhängig und dieser Zustand sollte schnellstens beendet werden.

Und aus meiner Erfahrung spielt es keine Rolle ob Sie zehn oder fünfzig Zigaretten am Tag rauchen. Begegnen werden wir den „kleinen Nikotinteufel" so oder so, davon bin ich überzeugt.

<u>Wie sagte schon Pink: Let's get the party started! Also los!</u>

Kapitel 3: Der Beginn

Heute, 30. August 2008 ist der ERSTE TAG – ich lasse jetzt Bezeichnungen wie „der Tag der Tage“, „der Anfang für ein neues Leben“, „Lebe endlich“ mal weg. Man könnte eine leichte Übertreibung verspüren und somit ist wiederum der Ernst der Lage gefährdet.

Also ein Sonntag, der Letzte im August und fertig.

Motivationsschub und Auslöser: kein Kleingeld, kein Auto vor der Tür – ergo als Resümee: kein Zigarettenkauf möglich!

Welch ein unspektakulärer Grund, aber wenn es hilft … na bitte. Also Sie verstehen nun, deshalb existiert auch kein Masterplan. Es gab die Idee, es gab die Vorstellung, aber es gab halt keinen genauen Zeitpunkt. Sie wissen schon, die Ausrede mit der Zeit, die Ausrede „es ist noch nicht der richtige Zeitpunkt…“
Und die Geschichte mit dem Kleingeld ist natürlich auch leicht gesteuert, irgendwann muss die Geschichte beginnen.

Und nun IST es soweit. Ich fühle mich eigentlich gut, bin natürlich zuversichtlich. Mein Plan ist es durch Schreiben die perfekte Ablenkung und die perfekte Methode zu entdecken. So stehen wir die ganze Geschichte gemeinsam durch. Zuerst gehen meine Gedanken in Richtung Online – Tagebuch, oder soll es eventuell doch ein Buch werden. Die Zeit und meine Erfahrungen werden es zeigen.

Gut, die ersten drei bis vier Stunden sind eigentlich recht gut verlaufen. Kaffeeproblematik überstanden – nach dem Frühstück wurde die erste Falle direkt abgeblockt. Kaffee und Zigaretten sind doch das passende Klischee, nicht wahr? Erst mal nach dem Frühstück in Ruhe eine Zigarette, kennt schließlich jeder Raucher.

Überraschend für mich selber, aber es passt. Darf nur nicht daran denken, wenn nun auch noch der Kaffee ausgeht . . . zwei Tassen anstatt einer, gut – kann ich momentan gut mit leben.

Gut, Kaffeevorrat überprüft – passt noch für heute. Sicher ist sicher. Komisch, sollte ich lieber meine Kaffeesucht bekämpfen?

Gegen Mittag wird dieses Gefühl, der so genannte SCHMACHT (sagt der ordinäre Raucher) doch leicht nervig. Aber ich erlebe auch eine komische Reaktion: Ich lebe weiter, es mag jetzt sogar Leute geben die behaupten: Gesünder als vorher.....

Es ist schon witzig. Da ließt man all` diese Bücher, meldet sich im Internet bei diversen Suchtgruppen an und dann das. Ein leichtes Kribbeln, dass Gefühl nach knapp fünf Stunden, man riecht plötzlich mehr, was sich aber nicht immer als positiv herausstellt. Ich muss das Katzenklo machen...

Wo ist er der große Schmerz? Die Angst zu versagen? Wo bleiben die Entzugserscheinungen? Was passiert mit mir?

Ich hatte mal in einem Magazin gelesen, dass die Abhängigkeit von Nikotin innerhalb von 5 bis maximal 30 Tagen abgebaut wird. Innerlich stelle ich wohl lieber auf einen harten Monat ein. Sicher ist sicher.

Eigentlich erfolgt eine Art der Ernüchterung. Seien wir mal ehrlich, wir haben uns gerade an der Anfangszeit des Rauchens nie mit einen Drogenabhängigen verglichen. Nein, wir sind stark – wir doch nicht. Dann stellen wir nach Jahren fest: Fünf bis sechs Versuche und wir können nicht aufhören . . .
Mhmhmh, doch nicht so stark? Nein, wir reden uns weiter ein: „Ich schaffe es, ich muss halt nur wollen". Also bitte, ich stehe ja schließlich nicht am Hauptbahnhof, also dies Nichtraucher – lächerlich was die so behaupten -.

Und dann gibt es ja noch die SCHLIMMSTEN VON ALLEN!

Die EX – RAUCHER: Wau, was für eine Sippschaft. Die braucht man als begnadeter Raucher nun mal gar nicht. Husten Dir ständig ins Gesicht, wischen mit der Hand nur vor Deiner Nase rum. Was soll das? Und behaupten ständig wie gut es Ihnen geht. Wer will das schon wissen.

Kaffee hilft ungemein, meine Nerven habe ich eigentlich gut im Griff. Also, einen nervösen Eindruck mache ich nicht, zumindest nach meinen Empfinden. Meine Frau möchte ich jetzt nicht direkt fragen.

Die nächsten Stunden verlaufen ähnlich. Eigentlich kein körperlicher Schmerz. Der Kopf versucht kleine „Gedankenteufel" auszusenden, aber eher harmlos – die Situation bleibt eigentlich unter Kontrolle.

Es hat was von GUTER & BÖSER FIGUR auf der Schulter. Links sitzt die GUTE GESTALLT und Lob mich, rechts der BÖSE und sagt Dinge wie:“ nur einen Zug, wird schon nicht schaden...“
Aber es ist nicht wirklich DAS VERLANGEN was ich eigentlich erwartet habe. Fast schon HARMLOS.

Es gibt mir die Möglichkeit einige klare Gedanken zu fassen. Was habe ich vorher nicht als gelesen. Welche Tipps & Tricks funktionieren. Wie man diese Gedankenteufel bekämpft – die SUCHT aus dem Körper treibt –(stammt nicht von der katholischen Kirche...). Und nun bin eigentlich ganz ohne Vorbereitung. Wir Raucher brauchen in der Regel vier bis fünf Jahre Vorbereitung und Planung für den Tag X. Und nun bin ich in den heutigen TAG DER TAGE gestürzt. Und, es geht auch ohne Masterplan, ohne Hilfe bei den Freunden der Sucht, bei den Hassern der Sucht.

Wie werde ich mich jetzt verändern, wird sich wirklich was verändern? Gut, die Gesundheit wird wohl automatisch ein besseres Ranking erreichen. Aber was ist mit der „Klarheit der Gedanken“? Was ist mit der Motivation? Besser und ausdauernder als jemals zuvor? Werde ich dann doch endlich der deutsche Brad Pitt? Na ja FIT und AUSTRAINIERT, klare reine Haut, super Atem, halt ein gesunder Typ.

BRAD PITT RAUCHT! – Diese Seifenblase ist aber ganz schnell geplatzt! –

Ein aktuelles Bild in einer Zeitung raubt mir gerade die Illusion. Und er scheint nicht gerade wenig zu paffen, ich fasse es nicht!

Aber das ist halt die perfekte Illusion, perfekt Hollywood und Glamourwelt. Hinter den Kulissen möchte ich nun wirklich nicht schauen, die Wahrheit ist nicht immer schön und zeitweise gar nicht angenehm.

Vergessen Sie ganze Idealvorstellungen. Vergessen Sie jegliche Idole, Vorbilder – was weiß ich nicht noch alles.

Sie sind Ihr IDOL, Ihre fleischlich gewordene Idealvorstellung eines Menschen. Sie sind der Mittelpunkt in IHREM LEBEN! Also bitte, arbeiten wir gemeinsam an den Dingen die uns stören, die uns als kleine Gottheit vielleicht doch nicht so vollkommen wirken lassen können. Weg damit!

Punkt EINS auf dieser Liste: Rauchen! – Weg damit – Rauchen passte vielleicht vor zwanzig Jahren ins Bild. Der Marlboro – Mann war noch ein Vorbild, was im Übrigen auch sein Krebstod nicht aufhalten konnte. Jetzt erreicht man die vierzig und bekommt ja so als Mann doch mal schnell Herzbeschwerden, Atemnot, leichter Herzstillstand in Extremsituationen (mag auch an meiner Teenager – Tochter liegen) – aber mal im Ernst: Es geht kaum noch was. Körperlich bin ich mit vierzig schon meiner Zeit weit voraus, und das ist nicht unbedingt ein Kompliment.

Also ändern wir die Situation. Ich sage jetzt einfach mal WIR! Mitgelesen bedeutet mitgegangen. Es muss was passieren, SOFORT!

Und wäre ich ein wirklich starker Adonisbursch, ein Held der Leinwand – dann würde ich jetzt noch glatt 50 Kilometer joggen!
Tue ich aber gewiss nicht, Sie haben es bestimmt schon erraten – ich bin so nicht. –

Und irgendwie ist mir heute auch nicht nach Bewegung, dass Wetter ist auch nicht so tolle. Sonne, eine angenehme Wärme, vermutlich das beste Laufwetter aller Zeiten – aber: Es ist noch nicht der perfekte Moment. Sie sehen, der Ausredenkönig kommt in Schwung.

Aber ich sehe plötzlich noch eine andere Gefahr – die extreme Gefahr an einer Kippenstation (Zigarettenautomaten) vorbei zu laufen – das macht das Risiko, das „Adonis" doch rückfällig wird, SEHR GROSS. Also, wer ist jetzt schlauer? Der Möchtegern Prinz der rennt – super – oder ich (halt der andere Prinz) – bleibe halt in meiner Küche, trinke meinen Kaffee und überlege erst mal wo ich denn heute am Sonntag Joggingschuhe kaufen kann. Das muss halt alles geplant werden.

Und wie bereits erwähnt, also das Wetter – ich könnte schwören ich habe gerade eine Regenwolke gesehen.

Fazit: nach einer knappen halben Stunden harter Arbeit: NICHTS mit sportlicher Bewegung heute. Morgen reicht auch noch.

Kapitel 4: Was ich wirklich will

Gerade am ersten Tag sucht man nach Ablenkung, die eigentlich gar nicht so sehr benötigt wird und findet neue Gedankenspiele. So mal als kleine Aufgabe für den Leser.

Was ich will, was ich nicht will. Sie werden mit Sicherheit erst die rechte Seite (was ich nicht will) befüllen – scheinbar ist es heutzutage üblich zu wissen, WAS MAN NICHT WILL.

Also bitte – so einhundert Punkte wären doch mal eine Hausmarke. Ich lege mal drei vor.

Was ich will	Was ich nicht will
1. Einfach durchatmen.	Husten am frühen Morgen
2.Gesund sein, Gesundheit erleben	Meine Gesundheit weiter ruinieren
3.Natürlich Deutschland gewinnt	Das Holland Weltmeister wird 2010
4.	
5.	
6.	
7.	
8.	
9.	
10.	
11.	
12.	

13.	
14.	
15.	
16.	
17.	
18.	
19.	
20.	

Ich habe die Geschichte jetzt mal bei zwanzig Punkten gestoppt. Einfach nur als Platzmangel, machen Sie sich bitte einfach mal die Mühe und schreiben Sie einhundert Punkte auf.
Es wird einfacher, wenn Sie bei WAS ICH NICHT WILL beginnen und dann auf die WAS ICH WILL – Seite wechseln. Schauen Sie mal, was nachher alles da steht . . .
Und diese Liste ist für das ganze Leben anwendbar, für jede Situation, für jeden Fall.

Ich wünsche Ihnen viel Spaß bei dieser Übung.

Der „erste Abend" verlief eigentlich eher ruhig. Die so genannten und gefürchteten „Rauchattacken" ICH WILL JETZT ABER blieben aus. Alle ein bis zwei Stunden kam dieses Gefühl der „Rauchlust" mal auf – aber ehrliche Meinung – recht harmlos.

Um noch kurz vor Ende des ersten Tages einen kleine Motivationsschub an die Masse der Leserschaft zu bringen:

James Dean – Held der fünfziger Jahre. Die Zigarette locker im Mundwinkel, wirkte schon wie eine Rauch – Werbeikone – ja ich weiß.- Aber, ich habe Fotos ohne Zigarette gesehen, und . . . er sieht noch cooler aus. Kein Scherz, also dranbleiben – wir sind auf einen sehr guten Weg.

Ich weiß, die letzte Aussage hilft nicht wirklich.

Kapitel 5: Der nächste Tag

Tag Nummer 2:

Der Morgen ging eigentlich recht ordentlich umher. Um meine Gedanken abzulenken, habe ich mich zu einem Spaziergang entschlossen. Knapp zwei Stunden frische Luft – nicht unbedingt verkehrt, glaube ich . . . .

Gehen wir jetzt mal von folgender Theorie aus: Sucht ist eigentlich nur eine Art Ersatzbefriedigung – aber für was? Was ersetzt das Rauchen bei uns, bei jeden Einzelnen von uns.
Das Gefühl RAUCHEN ZU WOLLEN ist definitiv da. Was soll dieses Gefühl den ersetzen, was hat dieses Gefühl bereits vorher ersetzt?

Theorie Nummer zwei: Sucht bzw. Abhängigkeit ist eine Hirnkrankheit. Einfach ein Verlangen nach mehr – in der Natur gewollt, von der Industrie gesteuert. Sie baut natürlich auf diesen Effekt und verstärkt diesen auch noch. Natürlich, es dreht sich ja schließlich auch um das Geld verdienen – eine Bezeichnung, die natürlich bei dieser Industrie leicht untertrieben ist.
Aber konzentrieren wir uns wieder nur auf uns selber. Das ist das, was im Leben zählt.

Wie bekommen wir unsere Sucht in den Griff? Wie stellen wir fest, warum dieser Suchtfaktor da ist? Was wird dort „Ersetzt“?

Was immer es auch gewesen sein mag, heute vermisse ich es gerade in den Abendstunden doch schon sehr. Im Klartext gesprochen: Die Wände sind nicht mehr sicher vor mir, könnte ich gerade entlang krauchen . . .

In einem Internetforum verfolge ich eine Diskussion über Raucher, die sich mit den üblichen Sprüchen „wehren".
Kennt eigentlich jeder Raucher, diese Parolen habe ich auch sehr lange gepredigt und diese jetzt zu lesen ist schon witzig.

- Lieber 60 Jahre mein Leben in vollen Zügen genießen als 90 Jahre Langeweile erleben. . .

- Ich rauche schon so lange, jetzt brauche ich auch nicht mehr aufhören. . .

- Teer und nikotinarme Zigaretten sind gesünder . . .

Was für ein Schwachsinn. Beim Lesen schlage ich schon die Hände über den Kopf zusammen. Die Antworten konnte ich mir ja als Raucher schon geben. Als Raucher lügt man sich ständig an und versucht durch solche Aussagen „sein Gewissen" zu beruhigen. Ich fühle mich in eine Comedy – Show versetzt.

Und ich befürchte meine recht wirren Gedankengänge sind so eine leicht verschleppte Folge des rauchfreien Lebens, das ich gerade anstrebe. Irgendwie fühle ich mich gerade „zwischen den Stühlen", schlafen kann helfen.

Kapitel 6: Tag Nummer drei

Tag Nummer 3:

Ich muss gestehen, es wird schlimmer. Der Druck rauchen zu wollen ist da! Es ist die Stimme, die sagt: „SCHWACHSINN, Du brauchst es überhaupt nicht!“.
Hat diese Stimme mit Sicherheit vollkommen recht, dass bestätigt mir auch mein gesunder Menschenverstand.
Aber da ist auch dieses VERLANGEN NACH NIKOTIN! Und das ist real, allgegenwärtig.

Ablenkung hilft immer. Bewegung wird durch Arbeit ersetzt. Der Kaffeekonsum wird automatisch gesteigert.
Alles geht nicht gerade locker von der Hand, muss ich mir leider immer wieder selber eingestehen. Es gibt ja sogar Leute und Mitbürger die behaupten „man wäre doch leicht gereizt“.

Was soll ich dazu sagen? Locker durch das Leben schreiten sieht anders aus. Irgendwas hemmt mich, ich weiß natürlich was es ist. Aber kann es wirklich sein das Nikotin so mein Leben bestimmt?
Diese Erkenntnis ist mir ja klar, ich weiß es doch schon längst. Aber muss es jetzt gerade so heftig aufkommen.
Der Kühlschrank ist schon wieder mein Freund. Es wird alles angeknabbert was sich halbwegs wie ESSEN / NAHRUNG anfühlt und so aussieht.
Selten habe ich so niedrige Ansprüche an Nahrung gehabt.

Was wird ein wirklich SÜCHTIGER Mensch empfinden? Das muss doch alles viel, sehr viel heftiger und stärker ausgeprägt sein. – Bin ich vielleicht doch einfach nur süchtig. Aber warum empfinde ich so stark?

Die Hoffnung liegt ganz klar auf den morgigen Tag. Ich schlafe mit der Gewissheit ein: Morgen ist ein Schlüsseltag, das spüre ich genau.

Kapitel 7: Der Rückfall

Tag Nummer 4:

Ich verrate Ihnen jetzt ein Geheimnis . . . RÜCKFALL!!!! Bum, Ende und aus!

Der letzte Gedanke bevor ich gestern einschlief war: ein Schlüsseltag. Stimmte eigentlich, mein Gedanke haben mich nicht getäuscht: Was ich nicht wusste, es war ein Abstiegsspiel! Ich hatte verloren.

Sie kennen dass? Nur ein Zug, nur ein Zug ist doch nicht schlimm.

Die nackte Wahrheit: Ein Zug ist der Anfang vom Ende! Ja, so ist es. Der Anfang vom Ende. Ich erlebe es. Und das Schlimmste ist: Man kommt sich vor wie der letzte Depp. Ja schaffe ich es nicht mal ein paar Tage ohne diese Kippe im Mund? Schaffe ich es jemals?
Und was noch besonders schlimm ist. ES SCHMECKT JA MAL ÜBERHAUPT NICHT! OK ich weiß, eigentlich hat es nie geschmeckt, aber das ist einfach nur grausam.
Ich habe Stunden, wenn nicht so gar noch den nächsten Tag benötigt, um wieder den alten Raucherstatus zu erhalten. Ich musste mich ja fast zwingen.
Und glauben Sie mir, dann kommt man sich wirklich wie der LETZTE LOOSER VOR.

Knappe 48 Stunden ohne den blauen Dunst und knappe 24 Stunden um den blauen Dunst wieder zu vertragen – halbwegs zumindest. Unglaublich dämlich, aber leider die Realität. Die Sucht macht es möglich. Und immer wieder stelle ich mir selbst die Frage: Wie dumm kann ein Mensch sein?

Wie konnte es dazu kommen?
Eigentlich ganz einfach. Überrannt von der Sucht, überrannt vom Nikotin. Ich konnte es nicht mehr steuern, irgendwas lief völlig aus dem Ruder.

Der Wille nur noch EINEN EINZIGEN ZUG zu machen, er war wirklich zu groß.

Ich bin so sauer, ich könnte gerade die Wand verhauen. Zumindest arbeitet mein Gehirn jetzt wieder. Eine kaputte Wand, nein – wohl eher eine kaputte Hand braucht jetzt keiner. Wo war mein Gehirn noch vor Stunden, als ich es wirklich brauchte?
Warum, warum? Immer wieder stelle ich mir diese Frage.
Wenn ich wenigstens ein Glücksgefühl hätte, wenn es schmecken würde.
Nichts dergleichen, einfach nur pure Dummheit.

Ich weiß, es geht vielen so. Ja, vermutlich geht es Hunderten genau so – und dies vermutlich Tag für Tag. Und, es lohnt sich zu kämpfen. Ich offenbare Ihnen jetzt mein persönliches Geheimnis wie ich es doch noch geschafft habe. Ja, es wirklich geschafft habe und ich bin mir zu einhundert Prozent sicher: IN DIESEN LEBEN RÜHRE ICH NIE WIEDER EIN ZIGARETTE AN!

Dieser Rückfall, ich oute mich mal kurz HAT EXAKT DREI WOCHEN ANGEHALTEN, war vermutlich sehr wichtig und die richtige Entscheidung zum richtigen Zeitpunkt. Eine Erfahrung die wichtig war, eine Erfahrung die der Startpunkt für einen endgültigen Prozess war und auch für EWIG ist.

Und ich habe auch in dieser Zeit viele Geschichten dieser Art gelesen. Rückfälle nach zwanzig Jahren, Rückfälle ebenfalls nach ein paar Tagen. Gerade die erste Woche gilt als äußerst „gefährlich". Die „Umfallrate" ist gerade in den ersten Tagen sehr hoch. Das soll jetzt nicht demotivierend wirken, sehen Sie es eher als Ausrufezeichen. Der Nikotinteufel kann also schnell wieder zuschlagen. Und mir ist es ebenfalls passiert, vollkommen unerwartet.

In diesen drei Wochen habe ich wieder mein übliches Leben aufgenommen. Na ja, ich hatte es ja eigentlich nie wirklich verlassen. Ich hatte nur versucht das Rauchen zu beenden. Die ganze ich treibe Sport – Geschichte und ernähre mich gesund – Einstellung hat nicht wirklich gegriffen. Im Ernst, sie konnte auch gar nicht greifen denn sie hatte nie begonnen.

Nur mal für 48 Stunden die Zigaretten weglegen, dass ist nicht des Rätsels Lösung.

Und dennoch passierte etwas in dieser Zeit. Vielleicht geprägt durch die ständige Ermahnung im Kopf. Eine nicht besonders nette Stimme erinnerte mich ständig an diese Niederlage. Immer wieder wurde ich von mir selbst darauf aufmerksam gemacht.

Es war wichtig um meine persönliche Entwicklung finden zu können. Eigentlich endlich umsetzen zu können.

Sie sollten das jetzt aber bitte auch nicht als Ausrede benutzen. Frei nach dem Motto: Rauchen musste ich wieder um meine persönliche

Entwicklung zu finden. So einfach ist das Leben dann doch nicht, Sie beschummeln sich nur selber und es wird Sie definitiv Zeit, Geld und Lebenszeit kosten.

Und schließlich hat es ja der Schreiberling noch direkt vorgemacht. Glauben Sie mir, diese drei Wochen waren die Hölle. Selbstzweifel und bei wirklich jeder Zigarette ein „schlechtes Gewissen".

Kapitel 8: Das Murmeltier

Also beginnen wir wieder bei Tag EINS.

Witzig aber wahr, wieder grüßt das Murmeltier.

Ich hoffe doch sehr Sie haben die Sucht besser unter Kontrolle als ich und lächeln jetzt einfach nur über den vorigen Abschnitt. Ich würde es mir wirklich wünschen. Wenigstens einer von uns war eisern.

Ich glaube der Rückfall war nicht nur wichtig für das Buch, so als Erfahrungswert – NEIN – wichtig für mich als Mensch.

Und ich möchte betonen das Buch hätte auf Seite zwölf ein jähes Ende gefunden und den Anspruch eines Nichtraucherbuches“ nicht unbedingt genüge getan.

Aber diesmal gibt es einen entscheidenden Unterschied. Der WILLE, der Wille ist nun wirklich da. Und es funktioniert, glauben Sie mir bitte – es funktioniert auf EWIG.

Warum ich so sicher bin? – Weil ICH ES WIRKLICH WILL.

Das ist der Punkt. Ich will es wirklich. Ich will jetzt mein Leben ändern. Ein Satz schwirrt mir im Kopf herum: Wenn ich es noch nicht mal schaffe eine Zigarette zu überwinden, eine Vorstellung wie mein Leben aussehen soll, mein WUNSCH – mein großer Wunsch umzusetzen, ja was schaffe ich dann überhaupt noch in meinen Leben?

Ein Windstoß, ein leichter Anfall von „Schmacht“, und der gnädige Herr kippt um wie ein Blättchen Papier. Nein, dass bin ich nicht. Ich habe einen Willen, ich WILL JETZT NICHT MEHR RAUCHEN.

Schaffe ich das, schaffe ich alles im Leben – wer will mich und meinen Willen dann noch aufhalten?

<u>Dies ist also mein Antriebsgrund.</u>

Ich hatte mal wieder vorab eine Niederlage im Kampf gegen den blauen Dunst einstecken müssen. Aber nun wusste ich wie es funktionieren wird. Es sind die Schuppen, die dann plötzlich von den Augenlidern rutschen. Ja, es gibt das wirklich.

Das man Geld spart, die Gesundheit, all diese Argumente sind natürlich richtig und toll. Aber sie waren für nicht entscheidend. Nein, dass alles konnte mich nicht wirklich umstimmen, erst der Gedanke alles zu erreichen – MEINEN UNBÄNDIGEN WILLEN – zu testen und zu beweisen – DAS WAR DER GRUND -.

Kapitel 9: Es funktioniert!

Tag Nummer zwei:

Recht einfach. Ich habe im Gegensatz zum ersten Versuch was geändert. Ich stecke voller Energie. Ich bewege mich plötzlich, Joggen ist wieder eine Alternative. Ich habe auch den Drang mich zu bewegen. Es geht ohne Druck, alles was vorher nicht vernünftig lief – all` das geht locker von der Hand weg – unglaublich -.

Jetzt wo ich meinen Antriebsgrund kenne, scheint alles recht einfach. Wie ein großer Knoten der geplatzt ist, wie ein Geheimnis das gelüftet wurde. Einfach ein fantastisches Gefühl.

Die Stunden fliegen nur an einem vorbei, und das ohne einen Gedanke an eine Zigarette zu verschwenden.
Gemeinsames Zusammensitzen mit Rauchern am Tisch – all´ das ist kein Problem. Vor drei Wochen wäre ich noch quer über den Tisch gesprungen, hätte jeden Kampf für die angerauchte Zigarette aufgenommen. Und HEUTE? ES STINKT!

Kein Scherz. Sie werden es erleben. So ein Aschenbecher, so ein Raucher stinkt wie Sau! Ich weiß, dass ist jetzt nicht nett – aber es stimmt!

Tag Nummer drei:

Der Siegeswillen in mir ist kaum zu bewältigen. Ich weiß, ich werde NIE WIEDER IM LEBEN eine Kippe anrühren. Ich spüre förmlich die Energie,

die Steigerung der Leistung, den Elan der mich umgibt. Unglaublich, nie hätte ich das erwartet.
Ich bin so sicher, dass meine sportlichen Ausflüge heute auch mal ausfallen können. Ich weiß, Morgen bewege ich mich wieder – der Druck ist weg. Ich mache es nur noch für mich und meiner ganz persönlichen Entwicklung.
Ich habe derweil ganz genau Vorstellungen von meiner Person in naher Zukunft.

Der Tag fliegt ohne große Vorkommnisse an mir vorbei.

Eine weitere Erkenntnis ist mir heute noch zugeflogen. Obwohl meine Frau noch raucht stört es mich nicht. Mein Wille scheint unbändig zu sein.

Und auch Gründe, die für einen „ehemaligen" gefährlich werden können lassen mich nicht umfallen.

Zum Beispiel

- machen mir rauchenden Freunde nichts aus.
- Auf Partys wo eventuell auch noch Alkohol fließt, keine Chance.
- Die üblichen alten Muster: Nach dem Essen – nichts, keine Chance.
- Die Gefühlswelt hält sich vollkommen im Gleichgewicht. Keine nervösen und leidvollen Auftritte.
- Hektik und Stress lassen mich nicht wanken. Nein, ganz im Gegenteil, ich habe das Gefühl, dass ich wieder klarer denken kann.

- Hunger: Ja daran muss ich noch arbeiten, mein Schneider freut sich. Aber, kein Grund um seinen Körper wieder zu schädigen und es wäre eine Illusion man würde mit Zigaretten wieder abnehmen.

Es ist ein schönes Gefühl FREI ZU SEIN. Dieses Gefühl erlebe ich täglich.

Und ich erwarte auf einmal VIEL MEHR VOM LEBEN. Keine Ahnung warum, aber da ist plötzlich wieder ein Antrieb der für Jahre verschwunden war. Ich weiß, dass jetzt ein wirkliches RAUCHFREIES LEBEN beginnt. Und RAUCHFREI steht halt nicht nur für RAUCHFREI, da ist mehr – viel mehr.

Tag Nummer vier:

Ich fühle mich SAUGUT! Keine Frage, in der näheren Umgebung gibt es immer mehr nickende Zustimmung.

Ich habe meinen Weg scheinbar doch noch gefunden.
Und ich habe wirklich die innige Hoffnung Sie folgen mir. Ich habe den Glauben ich stecke Sie mit meiner „rauchfreien Lebenseinstellung" an. Ich wünsche es mir.

Und ich habe mich zum ersten Male wirklich intensiv mit dem Thema „Nikotin" beschäftigt. Es ist nicht gerade angenehm als Süchtiger zu erfahren warum es eigentlich so ist. Ich habe ja schließlich Jahre damit zugebracht zu behaupten: Ich kann jederzeit wieder aufhören.

Was ist die Sucht? Wie wirkt Sie? Und wie konnte ich in diese Falle tappen?

Eigentlich kein Grund zur Panik. Wenn Sie folgende Zeilen lesen werde Sie es verstehen.

Kapitel 10: Nikotin

So funktioniert Nikotin und macht Sie süchtig:

Nikotin ist eine Chemikalie. Nicht mehr und nicht weniger, aber sie ist sehr heimtückisch. Die Verteilung nach dem Zug an der Zigarette geht innerhalb von Sekunden. Durch das Blut gelangt das Nikotin direkt in das Gehirn und stimuliert dort das „Belohnsystem". Sie bekommen zumindest in der Anfangsphase eine Verknüpfung zum alltäglichen Leben. Das heißt nach dem Essen, wenn man meint Stress abbauen zu wollen usw.

Leider ist alles nur ein Trugschluss, aber Sie erkennen – dort steckt schon ein System dahinter und das Suchtpotential wird angesteuert und sofort „im Sturme erobert".
Sie wurden also direkt mit dem ersten Zug vorgeführt und einkassiert in die Reihe der Süchtigen.
Die ganze Geschichte erinnerte mit beim Schreiben irgendwie an Salvatore. Sie erinnern sich noch an den „Hütchenspieler" bei einem privaten Fernsehsender?
Hier gewinnt nur einer: Der Mann der die Nussschalen dreht. Er bestimmt, ob Sie gewinnen oder nicht. Und auf Dauer möchte nur er gewinnen.

So ist es vermutlich auch mit der Zigarettenindustrie. Möglichst lange und schnell ins System einreihen. So stellt man sich doch treue Stammkunden vor, nicht wahr?

Das Suchtpotential nach einmaligen „Genuss“ ist wie folgt verteilt:

<u>Droge - Suchtpotential in Prozent</u>

Nikotin – 31 %

Heroin – 21 %

Kokain - 18 %

Alkohol - 9%

Fast schon unglaublich aber wahr. Nikotin steht an erster Stelle, noch vor Heroin. Unfassbar.

Natürlich gibt es immer zwei Seiten einer Geschichte. Fragen Sie doch mal die Tabakindustrie. Dort wird Nikotin nicht als Suchstoff geführt und man hört das eigentlich auch gar nicht gerne. Auf einer Konferenz der Tabakindustrie wurde von den führenden Managern geschworen das Nikotin nicht süchtig macht.
Unglaublich, wären diese „Menschen“ aus Holz würde vermutlich deren Nase quer über den Erdball ragen.

In den USA fordert das heimische Institut für Drogenmissbrauch endlich Nikotin als Droge anzuerkennen und dementsprechend dagegen vorzugehen.
In den letzten acht Jahren wurde die Nikotinmenge um ganze 11% erhöht. Einen jeweiligen Vermerk oder Aufklärungshinweis suchen Sie vergebens. Der Hersteller Philip Morris streitet dies übrigens ab und behauptet die unabhängige Studie der Harvard School of Health ist so nicht korrekt.

Eine fast unglaubliche Tatsache, die mir als „Normalbürger & normaler Raucher“ nie bewusst geworden wäre ist folgende Aussage, die mir im Laufe des Schreibens und der Recherche zugespielt wurde.
Philip Morris betreibt in Belgien (Stadt Leuven) eine Tierversuchsanstalt wo jedes Jahr 6.000 Tiere im Namen der Wissenschaft sterben. Mit der unglaublichen Begründung man teste einen neuen Zigarettentyp und versuche so die gesundheitsschädlichen Effekte zu unterbinden. Es wurde ein Antrag an die Stadt gestellt die Kapazität der Anlage zu erhöhen. Die Stadt Leuven lehnte dies jedoch ab, als Begründung wurden ethnische Gründe angegeben.

Ein Unternehmenssprecher führte weiter aus, "Die Tierversuche dienten dazu, die Produkte des Unternehmens weniger schädlich zu machen. Für diese Tests gebe es keine wissenschaftliche Alternative."
Auf der firmeneigenen Internetseite wurde ebenfalls als Grund für die Tierversuche auch noch folgender Satz aufgeführt: Der Sinn der Tierversuche sei es letztendlich in naher Zukunft ganz auf Tierversuche verzichten zu können.

Diese Aussage könnte kein Politiker besser formulieren, unglaublich.

Als ich von dieser Geschichte erfuhr, habe ich lange überlegt dies in meinen Buch überhaupt zu erwähnen. Das Nikotin ein Killer ist, keine Frage – das ist bekannt. Das Tiere in Versuchslaboren sterben müssen, für die Zigarettenindustrie, war erstmals für mich unverständlich und ich konnte es nur sehr schwer nachvollziehen.
Aber es stimmt. Der Konzern Philip Morris gibt die Versuche zu. Der wahre Grund mag nie an das Tageslicht kommen, aber es passiert wirklich. Also habe ich mich dazu entschlossen diese Fakten zu

erwähnen. Jeder kann sich seine eigenen Gedanken machen und die nötigen Schlüsse ziehen.

Tag Nummer fünf:

Am nächsten Morgen versuche ich die Informationen vom Vortage so gut wie möglich zu verarbeiten. Ich konzentriere mich nur vorerst auf mein Ziel.

Es ist gigantisch. Ich merke richtig, wie sich neue Luft in meiner Lunge sammelt und mir viel mehr Kraft gibt. Ich bewege mich leichter und was wirklich auffällt: Ich bewege mich über eine längere Distanz. Beim Joggen werden es täglich mehr Meter, die Zeit kann ich derweil bereits locker auf 30 Minuten ausdehnen.

Ich habe das Gefühl das war vor Jahrzehnten das letzte Mal möglich. Mein Hund schaut schon vollkommen verwirrt und Begeisterung für Bewegung sieht irgendwie anders aus. Aber egal, ich ziehe das durch und auch der Hund muss wieder lernen Bewegung zu lieben.

Es ist schon erstaunlich, wie sich der Blickwinkel ändert und man plötzlich eine andere Einstellung lebt und genießt. Es ist keine Qual, nein – eine Befreiung.

Das vielleicht auch als Tipp: Merken Sie sich die so genannten „Bewegungspunkte“. Sie gehen zum Beispiel spazieren, oder halt Nordic – Walking in Neudeutsch (Stockenten – Rennen würde mein Sohn sagen). Sie werden feststellen, jeden Tag geht es ein paar Meter weiter. Sie müssen nicht gleich losrennen wie ein hundert Meter

Weltrekordmann. Langsam steigern Sie Ihr Pensum und so verlieren Sie auch nicht den Spaß.

Ich habe meine Ernährung übrigens nicht umgestellt. Was man am Bauchumfang recht gut erkennen kann.

Die Zigaretten abgeschafft, sportliche Aktivitäten aufgenommen – das nenne ich einen Anfang. Bei der Ernährung setze ich später an . . .

Auch dieser Tag verlief voller Energie und ich bereue keinen Moment der Entscheidung. Ich habe diese Entscheidung von Herzen getroffen und mein Verstand wusste es ja bereits schon länger: Rauchen ist schädlich und für sehr viele Mitbürger leider auch tödlich. Und das ist Fakt.

Tag Nummer sechs:

Die Chance Sie zu langweilen ist groß. Ich leben mein Leben FREI und ohne ZWÄNGE die nächste Zigarette rauchen zu müssen. Ich sehe mit gemischten Gefühlen meiner Umwelt zu, wie Sie immer wieder in die Nikotinfalle tappt. Rauchen bei jedem Wetter, schnell noch bevor man ins Auto einsteigt.

Mal ehrlich: Es ist kalt, es regnet – welcher Depp tut sich das freiwillig an? Die Antwort kennt jeder Raucher, ich auch – und ich habe das nicht vergessen. Aber ich sehe es plötzlich aus einer anderen Warte.

Ja natürlich war ich bis vor ein paar Tagen noch ähnlich „gestrickt“, schnell noch einen Zug, dann ab ins Geschäft.

Beim Einkaufen den „Nachschub“ vergessen, obwohl das ist schon eine Kunst. Der „Süchtige“ sorgt eigentlich immer für die nötigen Mittel.
Also gen Mitternacht noch schnell zur Tankstelle gefahren. Knapp 20 Kilometer wofür? Eigentlich wird eine Zigarette im Auto geraucht, noch eine schnell vorm Schlafen – und das war es. Hauptsache sie sind da.

Und noch eine Information habe ich im Internet gefunden: Die Gewichtszunahme beim Aufhören liegt in der Regel im Durchschnitt bei zwei bis vier Kilo.
Ich muss zugeben, die Information „man nimmt nicht zu“ passte besser in mein Konzept.
Und die „Oberfrechheit“ war die Aussage: Lieber legen Sie vor dem „Aufhören“ fest wie viele Kilos Sie zulegen können . . . HALLO?

Ich bin nicht bereit nur einen Gramm zu zulassen. Wenn man diese Broschüren liest, begreift man schnell warum die Rückfallrate recht hoch ist.
Unmotivierend, einfach nur schlecht für die Gefühlswelt. Nichts Halbes und nichts Ganzes sagt man dazu wohl. Vermutlich ist der Erfahrungsschatz „der nichtrauchenden Schreiberlinge“ nicht ausreichend. Also, dass kann es wirklich nicht sein.

Es gab genau eine Erkenntnis die ich wirklich für bedeutend halte: Wenn Sie mit dem Rauchen aufhören, machen Sie nicht direkt eine Diät. Eine Diät würden dem Körper signalisieren: Hoppla, da fehlt mir gerade was. Ergo entsteht eine Verknüpfung zu der Zigarette. Die Gefahr der Rückfälligkeit steigt dadurch enorm.

Also bitte Vorsicht bei solchen Aktionen. Langsam die Bewegung steigern, sportliche Aktivitäten entwickeln und auf eine gesunde Ernährung achten.

Tag Nummer sieben:

Das Rauchen selber fühlt sich so unglaublich weit weg an. Als hätte ich in frühester Jugendzeit mal für ein paar Wochen an Zigaretten gezogen. Das es über zwanzig Jahren waren und gerade mal eine Woche her ist, unfassbar.

Meine Körper reagiert langsam und ich merke Tag für Tag wie die Luft zurückkommt. Es stimmt wirklich, als Raucher hätte ich es nie für möglich gehalten und es vermutlich auch nicht glauben gewollt.

Wenn Sie die nötige Zeit haben, oder einfach nur einen Anstoß brauchen, oder wirklich Gleichgesinnte suchen: Schauen Sie mal in diversen Nichtraucherforen im Internet nach. Erstaunlich wie viele Menschen eine ähnliche Situation erleben oder bereits durchlebt haben.

Und immer wieder stieß ich auch auf Kommentare wie dieses:
Ich rauche schon fast zwei Jahre nicht mehr und plötzlich hatte ich dieses Verlangen nach einer Zigarette.
Die Nikotinsucht kann auch wie jede andere Sucht sich wieder in die Erinnerung rufen. Aber vergessen wir eines nicht: Alkohol, harte Drogen sind viel schwieriger zu bewältigen als Nikotin. Die Gefahr eines Rückfalles ist dort noch viel höher. Sind wir stolz auf das was wir bis dato geleistet haben, genießen wir den RAUCHFREIEN Tag.

Als Tipp habe ich in einem Forum die so genannte „Durchhalteliste“ entdeckt. Schreiben Sie einfach die Vorteile des „Nichtrauchens“ auf, warum Sie das alles tun. Anschließend kommt die Liste in die Geldbörse und wird Sie für immer begleiten. In einer drohenden schwachen Stunde schauen Sie einfach auf diese Liste und Ihnen wird wieder bewusst, warum es wichtig, ist ein RAUCHFREIES LEBEN zu erreichen.

Ich glaube jeder entwickelt seine eigene Strategie um sein persönliches Ziel zu erreichen. Jeder Mensch reagiert anders auf Vorschläge und Ideen. Die Beweggründe und Antriebsmuster sind verschieden, man muss nur den richtigen Punkt zur richtigen Zeit finden – so haben Sie die optimale Voraussetzung geschaffen.

Kapitel 11: Und die Tage ziehen ins Land

Ich überspringe jetzt einfach mal ein paar Tage.

Es muss so Tag 20 oder 21 gewesen sein. In vorherigen Tagen ist wirklich nichts Aufregendes passiert und es hatte sich nichts an der Ausgangslage geändert.
Nach circa drei Wochen dachte ich kaum noch an das Rauchen und hatte auch meine sportliche Aktivität schon beachtlich gesteigert. Ich war derweil schon der festen Überzeugung die „drei Streifen Marke" wurde speziell für mich Sport – Genie erfunden . . . kleiner Anfall von Sportwahnsinn... ich bitte um Verzeihung.

Was mich ein bisschen nervös machte, war ein Treffen mit „alten Bekannten". Das heißt im Klartext: Bier und Zigarettenkonsum bis zur Oberkante.
Ich machte mir weniger Gedanken um meinen Standpunkt, vielmehr ging es mir um die „alten Gewohnheiten" meiner Freunde. Akzeptieren ist manchmal nicht gerade eine Tugend.

Ich erspare Ihnen einen Tatsachenbericht des gesamten Abends. Eine kurze Zusammenfassung würde sich wie folgt lesen: Das Bier hat geschmeckt, ich hatte NULL verlangen nach einer Zigarette. Ganz im Gegenteil: Ich empfand den Geruch in der Kneipe eher als abstoßend. Die Bekannte und Freunde hielten sich mit Kommentaren zurück, es gab sogar belobigende Worte und es wurde ein recht netter Abend.

Als Fazit nahm ich am folgenden Tag diese Erkenntnis mit:

Kopfschmerzen durch Bier auch ohne Zigarettenkonsum und ich habe mein „Ding durchgezogen". Das war der entscheidende Punkt: Ich hatte eine weitere Feuertaufe bestanden. Nein, nicht nur bestanden, ich hatte diese PERFEKT GEMEISTERT.

Da untermauert auch immer mehr meine These: Es ist einfach nur eine Kopfsache. Wenn ich wirklich will, dann kann mich auch nichts aufhalten und nichts beeinflussen.

Nach einem Monat:

Ich habe heute exakt dreißig Tage rumgebracht. Und vor lauter Sicherheit hab ich den „Bruder Leichtsinn" fast unterschätzt. Es gibt ja wirklich dieses alte Muster: Da liegt eine Schachtel Zigaretten und man greift schon fast automatisch rein.

Gut, die letzten zwanzig Jahre ist es so gelaufen. Aber ich war nun bereits 30 Tage lang „clean". Es war kein Reiz, sondern einfach nur die Macht der Gewohnheit. Unglaublich, ich hatte das eigentlich nicht mehr für möglich gehalten – dachte, dass ist raus aus meinem Schädel.

Wenn man zwanzig Jahre „Raucherkarriere" gegen dreißig Tage aufrechnet ist die Handlung vermutlich völlig normal.

Ich werde in Zukunft mehr aufpassen. Stellen Sie sich vor: rückfällig durch eine zufällige Handbewegung. Wie dumm ist das denn?

Zur kurzen Erklärung: Die Schachtel gehört zu meiner Frau. Die in diesem Augenblick auch schon leicht verwirrt schaute. Erst Ihr

erschreckter Gesichtsausdruck war so eine Art Warnsignal und ließ mich wieder in meine Welt ankommen.
Gestatten: Nichtraucher.

Der zweite Monat:

Ich entschließe mich jetzt auf „Zeitraffer – Modus“ umzustellen. Glauben Sie mir, die Tage liefen „Rauchtechnisch“ immer gleich ab. Es gab selten mal einen Tag, wo ich überhaupt an eine Zigarette gedacht habe. Ausnahme mit Sicherheit: wenn Dir jemand den Rauch direkt ins Gesicht pustet. Nicht nett und riecht einfach nur zum . . .

Eigentlich könnte ich mich von der Einstellung her direkt zum militanten Nichtraucherkrieger entwickeln. Volle Aschenbecher, stinkende Kippen – ich hatte meine Einstellung komplett geändert. Schrie ich als Raucher noch nach „Gleichberechtigung“ war mir das heuer egal.

Ich werde auch heute noch durch mein Umfeld auf natürliche Weise eingebremst. Keine Frage, ich kann mir halt so manche „spitze Bemerkung“ nicht mehr verkneifen.

Jeden Tag bin ich ein Stück weiter. Und ich bin froh den Weg gegangen zu sein. Ich weiß, ich werde mein Umfeld weiter beeinflussen und hoffe auf Besserung für so manchen Raucher. Sollte ich ein Stück dazu beitragen eine bessere Welt zu erlangen – na dann gut. Hört sich fast schon wie die Rettung von Bambi an . . . oder ich wähle den Weltfrieden, was für einen militanten Nichtraucher auch eine Entwicklung ist. Sorry, ich schweife ab und werde diesen Abschnitt nun beenden.

Die Monate Nummer drei und vier:

Ich beschäftige mich jetzt verstärkt mit den Auswirkungen des Rauchens.
Wenn man jahrelang als Raucher unterwegs war, ist es schon eine „harte Nuss“ sich die Folgen mal näher anzuschauen.

Man merkt es dem Körper an, es geht leicht aufwärts. Eine Verbesserung ist schon zu spüren, gerade in den ersten Wochen und Monaten. Dann gibt es ja auch noch die schlauen Tabellen, dort steht ein genauer Fahrplan wie und wann der Körper wieder zur Normalform aufläuft.

Keine Panik, die Liste halte ich Ihnen bestimmt nicht vor. Streckenweise grausig zu lesen, gehört aber zum ehemaligen Raucheralltag wie der volle Aschenbecher und ist leider ein Teil unserer ganz persönlichen Geschichte.
Die Auflistung folgt am Ende des Buchs, so als Aufmunterung. Eine Motivationsspritze der besonderen Art.

Mein Erfolg aus persönlicher Sicht:

Ich habe Familienfeiern überlebt und nicht einmal den Gedanken an eine Zigarette verschwendet.

Ich habe mit Sicherheit auch so genannte stressige Momente überstanden, ebenfalls auch hier nicht einmal ein Gedanke an das Rauchen.

Langweilige Situation auf dem Sofa, Besuche in den örtlichen Gaststätten – natürlich nur zum Essen . . . -. All diese Momente, all diese alten Strukturen konnten mich nicht bewegen auch nur einmal wieder an einer Zigarette „zu ziehen“.

Es ist schön, es ist ein sicheres Gefühl. Ich weiß ganz genau, auch aus eigener Erfahrung man sollte sich niemals sicher sein. Mich hatte es selbst vor Jahren „erwischt“, in einer Phase der Erholung – eigentlich genau da wo keine Gefahr bestand.

Aber das sind genau die Moment die in der Erinnerung bleiben, die neuen Erfahrung die ich den letzten Monaten sammeln konnte – all das wird mir helfen dem Laster nie wieder zu verfallen. Das spüre ich sehr genau und ist meine vollkommene Überzeugung.

Kapitel 12: Lachen ist gesund

Mal was zum lachen:

Was jetzt kommt ist für ein „Nichtraucherbuch“ doch recht einzigartig. Das Lachen die „beste Medizin“ ist, davon bin ich überzeugt. Es wird jetzt für ein Kapitel recht flach und streckenweise niveaulos.

Die Tochter ruft aus dem Bad: “Mama, wo ist denn der Waschlappen?” – “Der holt gerade Zigaretten vom Automaten.”

Rauchen ist gefährlich – mitten im Krieg sitzt ein Raucher nachts im Schützengraben und raucht eine Zigarette – weithin sichtbar für den Feind. Ein anderer Soldat warnt ihn: “Tu das bloß nicht, das ist gefährlich.” Der Raucher lächelt milde und antwortet: “Keine Sorge, ich inhaliere ja nicht”

Ein Schotte, ein Franzose und ein Raucher werden zu 20 Jahren Gefängnis verurteilt. Sie treten also ihre Strafe an, und plötzlich gibt's einen Blitz es macht “SCHWUPP” und vor ihnen steht eine Fee. Und weil es eine richtige echte Fee ist, sagt sie: “Ich habe festgestellt, dass ihr unschuldig seid.”
Der Schotte, der Franzose und der Raucher sind begeistert, weil sie denken, die Fee wollte sie befreien. Da sagt sie aber: “Tut mir ja leid, aber ich darf mich nicht in Staatsangelegenheiten einmischen. - Aber ich kann euch jeweils einen Wunsch erfüllen, damit es euch nicht so schlecht geht. ”Da meint der Schotte: “Well, ich denke wenn ich jeden Tag eine Flasche echten schottischen Whiskey bekomme, wird ich es aushalten können.”

“Gut”, sagt die Fee: “gewährt.”

Der Franzose meint: “Oh, ich als Franzose werde es aushalten können, wenn ich jeden Tag eine schöne Frau bekomme!”

“Gut”, sagt die Fee: “gewährt.”

Der Raucher meint: “Oh, ich brauch unbedingt ein Päckchen Zigaretten jeden Tag!!!!!” “Gut”, sagt die Fee: “gewährt.”

Nach 20 Jahren werden sie entlassen.

Der Schotte meint: “So schlimm ist Gefängnis gar nicht, wenn man genug Whiskey hat!”

Der Franzose meint: “Was will man mehr als jeden Tag eine hübsche Frau?”

Da fragt der Raucher: “Hat jemand mal Feuer?”

Ich musste mal kurz das Thema ein bisschen auflockern. Dachte mir, ein bisschen Lachen kann nicht schaden bevor wir an die „Kernpunkte“ in Ihrem Leben schreiten . . .

Die negativen Seiten des Rauchens noch ein wenig beleuchten.

Kapitel 13: Halbjahres Fazit

Nach circa 6 Monaten:

Auch nach einem halbem Jahr rauchfreier Umgebung habe ich den Schritt nie bereut und es geht derweil sogar sportlich aufwärts. Nun halte ich es bereits knapp 40 Minuten „durch“, ohne Pause und ohne Anhalten. Nennt man im Pferdesport wohl Trab. Vom Bewegungsablauf ähnle ich eher Mister Ed als Black Beauty, aber egal ich kann schmerzfrei und ohne „Lungenkollaps“ wieder laufen. Und wenn man das ganze Zenario Revue passieren lässt war es auch nie wirklich schlimm. Der so genannte Entzug war eigentlich keiner.

Also wenn Sie bis dato nur stiller Leser ohne Beteiligung sind, keine Panik und versuchen Sie es einfach. Die „kleinen Rauchteufel“ auf Ihrer Schulter sind schnell verschwunden.

Ich hatte mir angewöhnt auf einem Kalender die Tageszahl meines RAUCHFREIEN LEBENS aufzuschreiben. Tag für Tag wuchs die Zahl. In diversen Foren gab es sogar einen Tages und Geldsparrechner. So konnte man anhand der Tage auch gleich die ersparte Summe sehen, nicht meine Welt. Mein handgeschriebener Kalender ist mir da schon lieber und das mit dem ersparten Geld ist ja auch so eine Sache, investiert in das Prinzip der Belohnung.

Und mir wird bewusst wie schwer es für „die andere Seite“ ist. Insgeheim wird vermutlich fast jeder Raucher denken: Man, würde ich das doch auch schaffen.

Ich kann es nachvollziehen, habe selbst jahrelang den Absprung gesucht. Und es ist beileibe nicht schwer. Wie sagte meine Frau noch: Kopfkino. Es ist nicht mehr und nicht weniger.

Ich habe in letzter Zeit auch ein paar „Jammerlappen“ kennen- lernen dürfen. Eine ganz besondere Gattung Mensch, macht unglaublich Spaß. „Ich schaffe das nicht“, „ Ich rauche ja schon viel zu lange“, „Es ist so schwer mehr als eine halbe Stunde keine zu rauchen“, und immer so weiter. Wirklich keiner hat es auch nur ansatzweise versucht. Wenn Sie diese Gattung mal treffen sollten, rennen – einfach nur rennen und nicht umdrehen – mein ganz persönlicher Tipp.
Woran erkennt man einen „Jammerlappen“? Wenn er halt nicht jammert, wird er Ihnen erzählen dass immer die anderen SCHULD sind. Die Zigarettenindustrie, die Manager, die einfach ALLE, nur man selbst ist halt ein Opfer dieser Machenschaften.

Kurzfristig in ein Tal fallen ist vollkommen normal. Nein, ich meine jetzt nicht den Bergsteiger, sondern die eigene Gefühlswelt. Kommt man selber oder mit Hilfe von guten Freunden, der Familie recht schnell wieder raus. Das ist gemeint.

Natürlich sind Zweifel angebracht, in jeder Lebenslage. Ich sehe so was immer als Motivationsschub an und versuche die positiven Aspekte zu sehen. Ein positiver Aspekt ist zum Beispiel: Das möchte ich nie wieder erleben. So ziehe ich aus jeder negativen Erfahrung die Erkenntnis: Oh mein Gott, bitte nie wieder solch eine Situation. Glauben Sie es mir, dass kann Berge versetzen.

Und so als kleines Bonbon für zwischendurch:
Mein Lungenvolumen hat sich bereits wieder um 30% erhöht.

Von der „eisernen Lunge“ zum Iron Man! Was für eine Entwicklung bahnt sich da an.

Kapitel 14: Die Frage der Schuld

Die Theorie über die Schuldfrage:

Ich hatte mal in einem Seminar eine sehr interessante Theorie über die Schuld gehört.

Vereinfacht wiedergegeben lautet die Kernaussage: Wer die Schuld hat, der besitzt auch die Macht.

Geben wir die Schuld ab und behaupten: Die Zigarettenindustrie ist doch an allem Schuld, so geben wir auch unsere eigene Machtposition ab. Denn wir lassen uns ja dann unser Leben von einer Industrie aufzwingen. Und schließlich will keiner nach deren „Pfeife tanzen". Wir sind doch letztendlich unser „eigener Boss".

Wir müssen akzeptieren, dass es unsere Entscheidung ist, keiner hat diese Macht über uns. Wir bestimmen unser Leben und tragen auch die Verantwortung dafür.

Bedenken Sie dies bitte einfach mal bei der nächsten Möglichkeit. Übernehmen Sie die Verantwortung und die Schuld. Im Endeffekt sind Sie selber für sich verantwortlich.

Sie werden einen gesunden Mittelweg finden, der Ihnen neue Wege aufzeigt und Sie werden viele Dinge sofort erledigen. Aufgaben anfassen und angehen, nicht jammern sondern handeln ist angesagt.
Das heißt im Umkehrschluss natürlich nicht, dass Sie nun für alles auf dieser Welt verantwortlich sind. Lassen Sie den gesunden

Menschenverstand wallten, für einen Krieg im Krisengebiet können Sie nichts. – Außer Sie sind vielleicht Waffenhändler, was ich natürlich persönlich nicht hoffe. -

Kapitel 15: Nach sieben Monaten

Nach exakt 7 Monaten:

Hatte ich mal wieder eine Erkenntnis der besonderen Güte. Veranstaltungen, die nicht besonders aufregend sind, werden ohne Nikotinkonsum auch nicht schlechter als sonst. Man kann das Ende relative entspannt entgegensehen, muss nicht zwischendurch oder gar am Ende als Erster die Ausgangstür stürmen. Nur um dann schnell eine, nein besser gleich zwei Zigaretten zu rauchen.
Ich kann anhand der Gestiken und schnellen Schritte die Raucher erkennen, egal ob im Kindergarten, Schulbereich oder bei Seminaren. In jeder Lebenslage gleich.

Als Info für alle Kämpfer und Gewichtsreduzierer: Nach sieben Monaten hatte ich meine Kilos längst wieder angepasst, hatte also den Raucherstatus vom Gewicht wieder erreicht. Das manche böse Zunge jetzt behauptet: es sind trotzdem knapp 10 zuviel mag sein. Aber als Nichtraucher habe ich auch dafür jetzt eine Standardantwort: Na und, Hauptsache gesund...

Auch die restlichen Monate :

Verliefen sehr angenehm und harmonisch. Ich hatte im Internet immer wieder über Stimmungsschwankungen gelesen. Auch ich kannte das aus früheren Versuchen. Aber diesmal verlief alles friedlich. Ich war ausgeglichen und das bereits fast ein Jahr. Das ist für mich der absolute Beweis: Der Zeitpunkt und der Wille waren genau zum richtigen Zeitpunkt am richtigen Ort. So funktioniert es!

Ich habe eine Menge über das Rauchen erfahren, habe eine Unmenge von Büchern verschlungen. In diversen Foren Erfahrungen ausgetauscht und ich habe diese letzten zwölf Monate genossen.
Es ist erstaunlich, ich verspreche es Ihnen, man merkt wirklich einen körperlich Unterschied. Ohne gleich zum Marathon – Mann aufzusteigen, aber es fühlt sich vieles einfacher an.

Ich führe brav weiter meine „Strichliste“ und zähle so jeden Tag durch. Mir geht es jetzt nicht um die Ersparnis, dafür gebe ich jetzt zu gerne das Ersparte für Kleinigkeiten aus, nein – es geht um die bereits erreichten Tage. Jeder Tag ist ein Gewinn, streckenweise begann es als Kampf und nun denke ich eher selten an das Rauchen.
Obwohl meine Frau weiterhin dem Rauch frönt, gibt es keine „Versuchung“ für mich.
Was sich verändert hat? Meine Einstellung und natürlich auch mein Geruchssinn. Also so ein voller Aschenbecher ist schon für so eine Nichtrauchernase eine harte Prüfung.

Mal ehrlich, ich wünsche Ihnen diese Erfahrung auch und ich hoffe Sie haben diesen Status bereits auch erreicht.

Als Fazit muss man aber auch meinen Kampf gegen die Pfunde anführen. Ich hatte es vorher auf die Umstellung geschoben, plötzlich Nichtraucher – da muss sich ja was ändern.
Eine Tatsache ist: Jeder Raucher verbrennt am Tag circa 200 Kalorien mehr als ein Nichtraucher, da Nikotin nun mal appetithemmend ist, keine Frage.

Und ein Aspekt, der in den ersten rauchfreien Tagen auftritt, nicht nur das Sie einen Rauchersatz suchen, Sie schmecken wieder. Das ist wirklich „gefährlich“. Sie haben Appetit und Sie schmecken wieder richtig, was für eine Kombination für den Bauch.
Bitte lassen Sie sich jetzt nicht vom Spruch: “Rauchen macht schlank“ leiten. Der ist nun wirklich anders gemeint.
Der Körper stellt sich um, Ihr Leben wird sich wieder normalisieren. Sie brauchen Geduld und bei Bedarf auch einen überschaubaren sportlichen Einsatz.

Es ist eine Erfahrung, die ich gemacht habe, alles andere wäre glatt gelogen.

In der Regel lag mein „Übergewicht“ in den letzten 365 Tagen maximal vier bis fünf Kilo über „Normalgewicht“. Also noch überschaubar. Mir ging es aber auch um die körperliche Fitness, wieder laufen zu können – und das ohne Sauerstoffzusätze.
Um diese Kilos zu vermeiden, kann ich Ihnen folgenden Ratschlag mitgeben: Gesunde und ausgewogene Ernährung, bei Naschattacken Obst und leichte Bewegung reichen vollkommen aus. Noch ein Tipp aus Erfahrung: Wenn eine „Heißhungerattacke“ nach 22.00 Uhr anfällt, nehmen Sie ein Kaugummi oder scharfes Hustenbonbon (Sie wissen schon welchen Fischer ich jetzt meine). Das ist eine wirkliche Hilfestellung.

Ich kann wirklich nur ein positives Fazit ziehen.

Das Gefühl von Stolz, man hat was GUTES erreicht, man hat das erreicht, was man auch wirklich wollte, das ist vielleicht der schönste Effekt im rauchfreien Leben.
Für mich ist es die Verwirklichung meines eigenen Traums. So wie ich mich damals in meiner Vorstellung gesehen habe, so lebe ich nun auch.

Ich erspare Ihnen weitere Tageseinträge.

Warum? Ganz einfach, es gibt keine weiteren Höhepunkte zu berichten. Es gab in den letzten Monaten nie das Verlangen nach einer Zigarette. Es gab nie Zweifel.

Und diese Horrorgeschichte von den 5 bis 30 Tage Entzugserscheinungen, die ist nicht einmal eingetreten. Vom ersten Moment an bis heuer – also die ganze Panik war vollkommen umsonst. Glauben Sie mir.

Heuer habe ich bereits über ein Jahr zurückgelegt. Es hat sich nichts verändert, meine Aussage: IN DIESEN LEBEN WERDE ICH NIE WIEDER EINE ZIGARETTE ANRÜHREN – die bleibt und steht! Ich bin es mir schuldig, mir selber schuldig. Ich habe eine Entscheidung getroffen, mir selbst ein Ehrenwort erteilt. Das bleibt, wenn nicht für immer dann wenigstens für ewig.

Kapitel 16: Antriebsgründe

Wo liegt nun Ihr persönlicher Antriebsgrund?
Wie kann man Sie überzeugen?
Wie sind Sie „knackbar"?

Fangen wir mal ganz vorne an. Was spornt Sie an?

Ist es das Geld?

Beweggrund bei vielen, also bitte nicht schämen. Geld ist gerade in der heutigen Zeit ein wichtiger Beweggrund, keine Frage.

Also, soll ich Ihnen mal vorrechnen wie viel Sie sofort sparen können?

Kennt vermutlich jeder Raucher, meine ehrliche Meinung lautet: Damit locke ich keinen vor dem Ofen. Es ließt sich ja so toll, ich kann pro Tag mindestens 5.- Euro sparen.
Rechnen wir trotzdem mal kurz hoch: Macht ungefähr 150,00 Euro im Monat. Mal zwölf lautet im Jahr dann: 1.800,00 Euro – so „die einfach Single / ich rauche alleine auch wirklich nur eine Schachtel am Tag – Version".

Raucht der Partner mit – nehmen wir den Betrag halt mal zwei = 3.600,00 Euro.
Jetzt rechnen wir das mal zehn Jahre .... Schönes Auto, viel Extraurlaub usw.

Aber, diese Rechnung hat mich als Raucher nicht wirklich beeindruckt. Ihre Antwort lautet vermutlich jetzt: Ich schmeiße ja nicht jeden Tag 5.- Euro ins Töpfchen und nach zehn Jahren „grabe“ ich den Schatz wieder aus und kaufe mir einen Benz.
Korrekt – habe ich auch gedacht und ich schmeiße aktuell auch nichts in das Töpfchen. Das „Töpfchenwerfen“ ist vermutlich ein extra Kapitel wert: Selbstdisziplin – spare auch in guten Zeiten .....

Kennt jemand einen Schwaben, oder eventuell gar einen Schotten... immer dieses Schubladendenken....

Kapitel 17: Der Staat und das Rauchen

Was unternimmt eigentlich der Staat?

Vater Staats Hauptargument gegen das Rauchen ist die Tabaksteuer. Es steckt wirklich ein System dahinter, für einen Raucher mag das wie ein übler Scherz klingen.

Es gilt folgende Faustformel: Wenn die Preise um 30% erhöht werden, dann sinkt die Quote der Raucher im Erwachsenenbereich um 12%.
Bei den Jugendlichen würde die Quote sich dann um ganze 36% reduzieren.
Ab Januar 2010 wird wieder über eine weitere Erhöhung diskutiert. Die prozentuale Steigerung des Verkaufspreises für eine Schachtel ist noch nicht bekannt.
Der Druck auf eine extreme Erhöhung wird immer lauter und man geht in den nächsten zwei Jahren von insgesamt 1,50 Euro pro Schachtel aus.

Eine kontinuierliche Erhöhung ist ein zentraler Baustein im Geflecht der Tabakkontrolle und Bekämpfung.
Die Gelder werden gegen den Schmuggel von Zigaretten, Verminderung des Zigarettenkonsums, für Aufklärung benutzt.

Bereits in Schulen wird eine Frühaufklärung betrieben. In manchen Ländern gehört ein „Anti – Rauchprogramm" bereits zum Schulunterricht. Mit der Maßnahme „Rauchverbot auf dem Schulhof" wurde bereits zu meiner Zeit gearbeitet und ist heute schon lange zu einer Pflichtauflage in Schulen geworden.

Es gibt heute bereits Nichtraucherwettbewerbe wie zum Beispiel „Be smart, don´t start". Der Wettbewerb ist einer der größten Schülerwettbewerbe überhaupt. Im Jahr 2009 nahmen über 10.000 Klassen teil.
Ziel: Über ein halbes Jahr müssen 90% der Schüler innerhalb der Klasse rauchfrei bleiben. Als Gewinnen winken Geldpreise, Sachpreise und Klassenfahrten.

Was gibt es als wirklich sinnvolle Sofortmaßnahmen für Menschen, die jetzt Hilfe benötigen und dem blauen Dunst entsagen wollen?

Unter www.rauchfrei-info.de finden Sie die offizielle Webseite der Bundeszentrale für gesundheitliche Aufklärung. Aus meiner Sicht eine sehr gute Webseite, die Sie bei Ihren Bemühungen unterstützt, Hilfestellung anbietet und Möglichkeiten aufzeigt. Broschüren und Unterlagen können dort auch kostenlos bestellt werden.

Sie können sich auch unter www.anbieter-raucherberatung.de gerne die nötige Hilfe direkt in Ihrer Stadt erlangen. Die Seite wird ebenfalls von der Bundeszentrale für gesundheitliche Aufklärung unterstützt.

Bitte seien Sie im Internet bei gewissen Seiten sehr vorsichtig. Gerade in der Kombination rauchfrei und Info wird doch so manche „Bezahlseite" im Internet aufgedeckt.

Bei meiner Recherche musste ich feststellen: Private Foren sind streckenweise effektiver und klarer in den Aktionen. Eine Hilfestellung bekommen Sie dort von ehemaligen Rauchern und das ebenfalls ohne eine Kostenverpflichtung.

Der nächste Punkt ist das Verbot der Tabakwerbung und Einführung so genannter rauchfreien Zonen. Verbot in der Werbung ist gerade für die jüngeren Zuseher ein großer Schritt gewesen.

Können Sie sich noch an die „Camel – Werbung“ erinnern? Das aberwitzige Kamel in der witzigen Verkleidung. Ein genialer Werbeschachzug, einfach „knuffig“. Wissen Sie was? Zu diesem Zeitpunkt bin ich auch auf Camel umgestiegen. – Werbung funktioniert auch bei Erwachsenen, keine Frage.

Eine Beeinflussung durch das TV gerade für Jugendliche ist nun wirklich nachweislich bekannt. Es gibt bereits ein Siegel „für rauchfreie Sendung“, gerade bei Kindersendungen findet dieses Siegel großen Anklang.
Sie brauchen jetzt aber nicht Ihr „rauchfreies Urlaubsvideo“ einsenden, es gibt keine Geldpreise oder Förderungen - ich habe schon gefragt.

In Deutschland wird gerade aktuell über ein Volksbegehren abgestimmt. In Bayern haben sich knapp 1.3 Millionen Menschen für das Begehren ausgesprochen.

Aufgrund von verlorenen Wählerstimmen hat sich das „neue Rauchgesetz“ gerade in Bayern als Politbarometer entwickelt und man wird das Gefühl nicht los: Wer den stärksten Anteil in der Bevölkerung hat wird gnadenlos unterstützt. Aber wir reden hier ja von der Politik und sollten uns nicht immer wundern, so sind unsere Volksvertreter halt.

Ab 2010 plant die EU eine Verstärkung des Nichtrauchersschutzes.

Organisationen wie „Aktionsbündnis – Nichtrauchen“ fordert eine Einschränkung der Verkaufsmöglichkeiten für Zigaretten. Alleine Deutschland stehen 400.000 von insgesamt einer Millionen Zigarettenautomaten (innerhalb der EU).

Sie sehen also, es gibt sehr viele Angebote und Möglichkeiten im Internet Hilfe zu finden. Und es wird sich in geraumer Zukunft noch einiges ändern in der EU, Gesetzgebungen werden verschärft und die Preis erhöht.

Kapitel 18: Die Gesundheit

Kommen wir zum Punkt: GESUNDHEIT.

Ja, der tut schon mehr weh. Ist schon witzig, dass Geld kann uns kaum schocken, aber diese „unappetitlichen Bildchen“, Rauchervenen, Krebsgeschwüre, die allseits beliebten „schwarzen Raucherbeine“ und mein Highlight diese runtergekommenen gelben Finger incl. der verfaulten Zähne. Das wirkt schon eher.

Was jetzt noch schwarz auf weiß auf der Verpackung steht, ist in vielen Länder bereits mit Bildern unterlegt. Es ist nur noch eine Frage der Zeit, wann in Deutschland die ersten Raucherbeine auf den Schachteln abgebildet sind. Vermutlich wird ab Mitte 2010 schon eine passende Änderung vorgenommen.

Solche Aktionen sorgen für Aufsehen und natürlich für Unmut unter den Rauchern.

Ja, aber leider ist dort auch ein gewisser Bestandteil an Wahrheit vorhanden. Sonst würden wir vermutlich auch nicht so berührt und pikiert reagieren.
Und „Raucherspüche“ wie: Sterben müssen wir ja alle. Na und, sonst werde ich halt vom Bus überfahren . . . .

Kennen wir doch, oder?

Mal ehrlich, wir sind ja unter uns hier. Also, Krebs gehört nicht gerade zu meinen favorisierten Todesarten. Leider gibt es fast in jeder Familie ein

Beispiel für diese Art des Todes. Trotz unterschiedlicher Bezeichnungen der Krebsart, trotz heldenhafter „er gab nicht auf" Geschichten. Braucht kein Mensch diese Quälerei für den eigenen Körper und auch die liebenden Mitmenschen können auf dieses ewige Auf und Ab verzichten. Selten gibt es im Kampf ein Happy End, glauben Sie mir – leider habe auch ich diese Erfahrungen sammeln müssen.

Zum Punkt Gesundheit müssen wir leider auch die LUFT mit ins Boot nehmen.
Ist es nicht vollkommen frustrierend ATEMLOS und VOLLKOMMEN ABGEWRACKT noch nicht mal mit den eigenen Kindern um die Wette zu laufen? Und das im eigenen Garten, oder Park? Und wir reden hier nicht von einer Marathonstrecke oder dem Central Park, der durchschnittliche HAUSPAPA besitzt einen Garten, der nun wirklich überschaubar ist. Und nach fünf Minuten Höchstleistung platschen wir förmlich in den Klappstuhl und der erste Griff ist eine Zigarette.

Glauben Sie mir, auch das ist leider ein Punkt mit Erfahrungswert: Es wird nicht besser, nöööööö – es wird noch viel schlimmer, ich weiß – Sie haben es schon geahnt. Und sieht man plötzlich Menschen, die nun wirklich im Laufe der Jahre alle Luft verlieren, die nicht mal mehr in der Lage sind die Treppen in die dritte Etage zu bewältigen – dann weiß man, oder sollte es eigentlich wissen – DAS IST NICHT DAS LEBEN WAS ICH WIRKLICH LEBEN MÖCHTE. –

<u>KEINER LEBT GERNE FREIWILLIG SO!</u>

Es ist eine Sucht, keine Frage. Wirklich niemand begibt sich freiwillig in diese Falle. Überspitz gesagt, keiner nimmt sich freiwillig auf so eine langsame und schleichende und auch noch teure Art DAS LEBEN.

<u>Kapitel 19: Die Vorbildfunktion</u>

Was kann Sie noch dazu bewegen endlich wieder FREI ZU LEBEN?

OK, die Überschrift soll Sie schon ein bisschen provozieren. Falls es das Geld nicht geschafft hat, die kleinen Bildchen in unserer Vorstellung mit ekelhaften Raucherbeinen auch noch nichts bewirkt haben, schwenke ich um auf; VORBILDFUNKTION.

Ja, ein Vorbild. Ist es nicht schön, wenn wir Kinder haben, diese aufschauen, uns als Vorbild nehmen . . . ja, da fühlt man sich doch gleich wieder als Hecht im Karpfenteich.

Was geben wir unseren Kindern doch alles für Ratschläge. Unser ganzer Erfahrungsschatz, notfalls auch in der Bildzeitung nachgelesen, aber egal – wir wollen doch nur das BESTE für den Nachwuchs, wir geben alles mit ermahnenden Worten weiter. Der gehobene Zeigefinger im Anschlag, wir sind schließlich eine Großmacht an Erfahrung, ja wir wissen was gut ist.
Und was machen wir: Rauchen uns erst mal eine, eventuell setzen wir gerade eine weitere Suchtgranate an den Hals und nehme einen riesigen Schluck und sind einfach nur Vorbild . . . .

Leider ist gerade in diesem Bereich das PASSIVRAUCHEN ein Thema. Und in den letzten Jahren hat sich der so genannte Nichtraucherschutz zum absoluten Streitthema entwickelt.

Eine grausame Zahl veröffentlichte die WHO (Weltgesundheitsorganisation) im Jahre 2009.
600.000 Menschen sterben alleine durch das Passivrauchen innerhalb eines Jahres.

Laut einer Studie der Uni in Bochum enthält Tabakrauch etwa 4.000 Chemikalien. Davon sind alleine über 40 Stoffe Krebs auslösend, auch für den Passivraucher.
Die Liste der möglichen Erkrankungen und Todesursachen bedingt durch Passivrauchen ist grausig und sollte doch zum Nachdenken anregen.

Laut neuesten Studien ist es wirklich sodass die so genannte VORBILDFUNKTION als aller Anfang für viele Raucher gilt. Man sieht die Eltern, man sah zumindest früher die Werbung – alles ist so schön, so cool.
Manchmal ist es unbewusst, aber man schaut sich leider auch die Laster an und übernimmt diese.

Gerade bei den Jugendlichen ist das Umfeld entscheidend. Raucht die Mehrzahl in der Clique ist die Gefahr der Versuchung natürlich um Längen höher als im hiesigen Gesundheits- und Sportverein.

Und Sie hören oft auf die Frage: Warum hast Du mit dem Rauchen begonnen? „Rauchen steckt halt an."
Als Hauptgründe für das Rauchen werden bei jeder Befragung Entspannung und der Genuss aufgeführt. Und das bei 12 bis 25 Jährigen.

Dennoch ist nach aktuellen Zahlen ein Rücklauf in der Statistik spürbar. Die Zahl der Rauchanfänger, diese liegt wie bereits erwähnt laut Statistik bei zwölf Jahre, sinkt stetig. Das so eine Statistik immer eine Dunkelziffer mitführt dürfte klar sein und ich habe auch schon Kinder unter zwölf Jahren mit einer Zigarette gesehen, und das war bestimmt nicht die erste.
Und in so einer solchen Situation fühlt man sich aus als Raucher schlecht. Selbst hat man im Laufe der Jahre die Nachteile erkannt, aber erklären Sie mal einem Kind mit der Zigarette in der Hand, wie schädlich doch eigentlich das Rauchen ist.
Sehr unglaubwürdig.

Rauchen bzw. Nichtrauchen am Arbeitsplatz ein sehr heikles Thema. Vermutlich sind schon etliche Parteien vor Gericht gezogen und haben uneinsichtige Kämpfe gefochten.
Die Auswahl der Bürostühle ist eher selten ein Streitthema, man will ja schließlich GESUND sitzen.

Der Nichtraucher will saubere Luft, der Raucher seine Bedürfnisse befriedigen und sich ja nicht einschränken lassen.

Nichtrauchende Chefs sehen die ganze Geschichte vermutlich auch aus folgender Sicht:
Der Raucher raucht 2- bis 3-mal am Tag. Macht einen „Rauchausfall" von guten 15 Minuten. Es gibt ständig Stress mit Nichtraucher, in den Örtlichkeiten kann selten geraucht werden – der Kunde muss ja geschützt werden.

Also bleibt als Fazit wohl eher beim nächsten Einstellungsgespräch der Nichtraucher die Wahl Nummer EINS. – Regt zum Nachdenken an, nicht wahr.

Und ich habe es auch in diversen Foren selber nachlesen können. Es entspricht heutzutage schon der Realität, es ist gewiss schon ein Thema. Der Arbeitgeber überlegt wohl, wie er seinen Vorteil für sein Unternehmen nutzen kann. Also als Raucher sollten Sie zumindest über eine Bombenqualifikation verfügen.
Es spielt heutzutage wirklich eine entscheidende Rolle ob Raucher oder Nichtraucher.

Welch` zwei Klassengesellschaft droht sich hier aufzubauen. Ich warte nur noch auf den ersten Blockbuster aus Hollywood: Kampf um den Tabak, oder so. War Mad Max in Sachen Wasser & Benzin unterwegs so wird vermutlich in naher Zukunft Mad Marlboro durch die Lande ziehen.

Kapitel 20: Der fiese Absatz

Ich nenne den nun folgenden Teil des Buchs den „FIESEN ABSATZ“, sie werden lesen und verstehen wie ich zu dieser Überschrift kam.

Vielleicht kann ich Sie auch noch mit folgenden Worten zum NACHDENKEN bewegen. Es sind Informationen, die ein Konsument eigentlich nicht erhalten sollte.
Zusatzstoffe wie Ammoniak und Menthol beschleunigen das Anfluten des Nikotins im Blut. Und ein „weiterer Vorteil“ ist: Sie dämpfen den Hustenreiz und betäuben die sonst eigentlich schmerzenden Atemwege. Derweil wird sogar Kakao und einige Zuckerstoffe mit in den Tabak gemischt, diese nehmen dem Rauch die Schärfe – so ist das inhalieren angenehmer. Wer ist wohl da die Zielgruppe?

Ein „paar fiese Informationen“ habe ich noch:

Die Aufnahme von Schadstoffen. Gehen wir von folgender Annahme aus. Eine Schachtel (knapp 20 Stück) über ZWANZIG JAHRE hinweg inhalieren – also die alltägliche Raucherkarriere – und ich schließe mich nicht mit aus.

Entspricht ca. SECHS KILO Rauchstaub und SECHS TASSEN voll mit Teer!

Krank, nicht wahr. Und mir dreht sich dabei wirklich der Magen um. Egal ob Raucher oder ehemaliger – ich sitze noch im selben Boot.
Denn ein Abbau dauert bis zu ZWANZIG JAHRE!

Und es gibt ja wirklich eine Schadstoff / Alters / Tabelle. Das hört sich schon pervers an. Und diese ist gewiss nicht von einem Nichtraucher erfunden worden, dass hätte ich zumindest noch vor Monaten behautet. Also bitte anschallen, zurücklehnen und rechnen:

- Rauchen Sie gerade 10 Zigaretten am Tag sinkt die Lebenserwartung um 3 Jahre.

- Rauchen Sie eine ganze Schachtel am Tag, sinkt die Lebenserwartung um 6 Jahre.

- Rauchen Sie zwei Schachteln am Tag, sinkt die Lebenserwartung um 8 Jahre.

Bei der letzten Position scheint eine Rabattstufe zu zünden. Sie verlangsamen den Prozess und habe so eigentlich zwei Jahre eingespart.

Vielleicht als Hausaufgabe für Sie. Gehen Sie doch mal ins Internet und lassen Sie sich alle Krankheiten die durch RAUCHEN ENTSTEHEN auflisten. Glauben Sie mir, ich hatte wirklich keine Lust alle aufzuschreiben und lesen will es auch keiner – dessen bin ich mir bewusst. –

Vielleicht doch noch ein Hinweis zum Schluss der fiesen Absätze: LIGHT ZIGARETTEN SIND EBENFALLS GENAUSO SCHÄDLICH. In Deutschland und vielen anderen Ländern ist die Bezeichnung LIGHT, MEDIUM usw. bereits verboten.

Es folgt später ein noch so genannter „Statistikteil“. Dieser hätte vom Sinn her hervorragend in diese Kapitel gepasst, aber eine Stimme sagte mir: Es reicht vorerst. Holen Sie einfach in Ruhe Luft und lesen Sie doch einfach gemütlich weiter.

Es gab mal vor Jahren die Aussage: Rauchen schützt vor Alzheimer und Demenzerkrankung. Leider stammt dieses Statement wohl vom Marlboro – Mann und ist vollkommener Unsinn, derweil auch in Studien belegt worden.

Bitte jetzt nicht alles NEGATIV SEHEN und FALSCH VERSTEHEN: Ich will Sie nur sanft in den ARSCH TRETEN, Ihnen vielleicht mal Ihre Augen öffnen. Ein Wort zu Versöhnung: Es ist nie zu spät.

Und glauben Sie mir bitte: Ich bin mit hundert %tiger Sicherheit kein so genannter Moralapostel. Ich habe über Jahre hinweg geraucht, habe in jungen Jahren gesoffen wie ein Loch. Und ich habe Menschen, die ich sehr liebte STERBEN SEHEN, und die sind definitiv nicht vom Bus überfahren worden.

Da stellt sich die Frage: Wie viel Vorbild sind wir wirklich?

Unser Trainer der deutschen Nationalmannschaft ist bei einer Liveübertragung mit einer Zigarette in der Hand „erwischt“ worden. Für dieses Spiel wurde er mit einer Strafe belegt und konnte es nur aus dem VIP – Raum verfolgen. Und dann das, da hat der Bundestrainer doch plötzlich einen Glimmstängel in der Hand und zieht vor lauter Aufregung auch noch am selbigen.

Das Herr Löw raucht war auch für mich eine Überraschung. Aber was streckenweise noch im „Nachspiel“ passierte, war schon recht aufregend. Diverse Leute weisen natürlich auf die Vorbildfunktion hin und waren nicht gerade zimperlich mit so manchen Kommentaren.

Und da stellt sich natürlich direkt die Frage nach dem Vorbild. Was wäre ein Gesundheitsminister mit der Zigarette im Mund? Die meisten von uns würden vermutlich erst mal fürchterlich loslachen, aber es würde auch vernichtende Stimmen geben. Keine Frage.
Ergo werden wir in vielen Berufen also auf einem Silbertablett präsentiert. Wie überzeugend ist denn dann eine Vorbildfigur? Das Vorbild kennt die Gefahren, predigt vermutlich gebetsmühlenartig BLOSS NICHT RAUCHEN. Und dann das. Also bleibt als Fazit: Nur wir können unseren Kindern ein wirkliches Vorbild vorleben. Denn wir haben einen Vorteil: Wir wissen und kennen die Wahrheit. Erkläre ich es, lebe ich es vor – das ist das wirkliche Leben. So funktioniert eine Vorbildfunktion.

Wie oft hat man sich in Menschen und Positionen getäuscht. Ich möchte nicht, dass meine Kinder falschen Idolen hinterherlaufen, dann lebe ich es Ihnen lieber selber vor. Und ich kenne auch die andere Seite und weiß wie schwer es werden kann.

Bevor Sie also irgendwelche Idole der Neuzeit auf ein Podest heben, erschaffen Sie sich lieber selber und steigen auf das Podest.

Sollten Sie keine Kinder haben, gut – dann konnte ich Sie mit Sicherheit mit den letzten Zeilen nicht zum Aufhören bewegen, aber vielleicht zum Nachdenken. Ein erster Schritt, ich würde mich freuen.

Kapitel 21: Die Sucht

Das Thema Sucht ist ein natürlich ein besonders und sehr umfangreiches Thema. Ich kann natürlich hier nur die Punkte ansprechen, die ich auch beurteilen kann, an mir selbst erlebt habe. Es gibt studierte Menschen, Doktoren die Bücher füllen, über dieses Hintergrundwissen verfüge ich nicht. Ich gehe von meiner Person aus, von meinen Erfahrungen und Gesprächen mit vielen Raucher und Ex – Raucher.

Und jetzt kommt mein ganz persönliche Lieblingstheorie: Sucht, RAUCHEN ist schließlich eine SUCHT. Und Sucht ist eine Ersatzbefriedigung.

Ich habe also ein Suchtpotenzial aufkommen lassen weil mir was im Leben abgeht. Aber was fehlt mir denn?

Wie kann ich das herausfinden? Ehrliche Meinung, es sind schon ganz andere Persönlichkeiten an dieser Fragestellung gescheitert.
Meine persönliche Antwort als Ersatz: Sport und Bewegung. Ja, ich bin nach Wochen wieder in die Spur gekommen und habe den inneren Schweinehund überwunden und befinde mich nun regelmäßig im SPORTMODUS. Aber mal ehrlich, dass ist Ersatz vom Ersatz. Also Sport gegen das Rauchen, der Gedanke an einen gesunden Körper treibt mich an. Aber das war nicht die Ursache, der Auslöser.

Suchen wir mal ehrlich, schauen wir mal tief ins Innere. Was fehlte dort wirklich?

Ich habe lange überlegt um eine Antwort zu finden. Es ist vielleicht auch nicht immer einfach, mal so ganz ehrlich zu sein. Sich mal nicht selbst zu belügen.
Ich glaube mein Griff zur ersten Zigarette, mal abgesehen das dieser einfach nur dämlich war, hatte was mit fehlendem Selbstbewusstsein zu tun. Ich war 16 Jahre jung und es gab vor über zwanzig Jahre noch nicht das Thema – ANTIRAUCHERKAMPANGEN – oder ähnliches. Es war schick, jeder hat irgendwie geraucht. Wollte man cool sein, dann gab es rauchende Schauspieler als Vorbilder. Jeder Rockstar und „cooler" Weltenbewohner hatte schließlich eine Zigarette in den Mundwinkeln.

Ist das aber der Nährboden für die Sucht? Wie viele Arten der Sucht gibt es derweil? In der heutigen Zeit kommen Dinge wie Kaufsucht, Internetsucht oder Sexsucht hinzu. Unterscheidungen von Süchten die es vor Jahren nicht in dieser Form gab.

Als allgemeine Definition von Sucht gilt folgender Leitsatz: Sucht ist eine Krankheit die Auswirkung auf Körper und Geist hat.
Der gesamte Mensch wird von dieser Sucht gefangen genommen, sie ergreift Besitz.

Merkmale der Sucht

Folgende Merkmale zeichnen die Sucht aus und kommen dem Raucher schon bekannt vor.

Zwang: Es passiert nicht freiwillig, ich verspüre ein muss.

Dosissteigerung: Ein bis zwei Zigaretten pro Tag reichen nicht aus.

Kontrollverlust: Ich rauche und rauche und merke die Anzahl der Zigaretten eigentlich nicht.

Entzugserscheinungen: Mir fehlt ohne Zigaretten was, ich werde nervös.

Leiden & Schädigung: Ich habe oder werde in Zukunft starke gesundheitliche Schäden haben.

Diese vier Punkte lesen sich ein Protokoll eines „schweren extremen Suchtfalls“, ist aber leider auch auf jeden Raucher zutreffend.

Die Problematik ist leider, wir stapfen in diese Falle. Suchtstoffe werden benutzt um uns in die Reihe der „Süchtigen“ einzugliedern. Es geschieht mit Absicht. Nikotin hat den Zweck eine Abhängigkeit zu erzeugen. Warum sind wir in diese Falle getappt? Was fehlte? Wie war Ihre Entwicklung?

Wie ist eigentlich Ihre „Rauchergeschichte“? Würde mich persönlich interessieren, schreiben Sie mir doch einfach eine kurze Mail. Ich habe viele Geschichten über das „Aufhören“ gehört. Aber was ist mit dem Beginn?
Schreiben Sie mir einfach.

Sie sind süchtig und Ihnen fehlt also was. Gut haben wir das geklärt, akzeptiert ist vermutlich eine andere Geschichte.

Stellen Sie sich doch einfach mal die Frage: Was fehlt mir im Leben? Kleiner Tipp – Porsche ist jetzt die falsche Antwort. Außer Sie benutzen den Punkt GELD-SPAREN und legen doch jeden Tag den „Fünfer“ ins Sparschwein und haben innerhalb kurzer Zeit einen Porsche.

Fehlendes Selbstbewusstsein? Kaum vorstellbar oder? Die Zeiten sind doch vorbei, oder doch nicht. Ist es vielleicht die Macht der Gewohnheit? Oder einfach nur die nackte Panik vor dem Rückfall? Sie wissen es längst, dass halte ich nicht durch.
Antwort: So ein Schwachsinn! Sie hören nicht auf zu existieren, ganz im Gegenteil – SIE LEBEN ENDLICH WIEDER! –

Und jeder von uns ist im Leben schon mit schwierigeren Situationen fertig geworden. Wir reden hier nicht von den schlimmsten und schwersten Drogenabhängigkeiten, von anschließenden Therapiesitzungen. Nein, es geht nur um Nikotin, nicht mehr und nicht weniger.

Also, Mund abwischen, Kopf hoch und durch. Sie wollen wirklich aufhören?

Dann BITTE, worauf warten Sie noch?

Es passiert nichts Schlimmes, glauben Sie mir, ich bin ebenfalls diesen Weg gegangen. Und ich habe es auch überlebt. Stellen Sie sich vor:

Keine Schmerzen, keine Ängste, alles ist bestens verlaufen.

Bitte loslegen, keine AUSREDEN mehr – einfach starten. Es gibt nur einen PERFEKTEN Zeitpunkt – JETZT – wenn Sie es wirklich wollen.

Und da ist der treffende Punkt. WENN SIE ES WIRKLICH WOLLEN.

Wenn Sie der Meinung sind: Die Zigarette nach dem Essen schmeckt ja so toll. Dann sage ich Ihnen: so ein dummer Schwachsinn! Aber, ich habe keine Chance Sie zu erreichen. Wenn Sie diesen tollen Geschmack nicht vermissen wollen, bitte dann tun Sie es. Sie werden irgendwann mal feststellen, Sie besitzen keinen wahren Geschmack mehr. Und es wird von Zigarette zu Zigarette nicht gerade besser ....

Wenn Sie der Meinung sind: In Stresssituationen benötigen Sie als Ventil eine Zigarette. Dann bitte. Was soll ich Ihnen sagen? Das ist mal wieder vollkommener Blödsinn, den Sie sich gerade selber einreden. Mal ehrlich, was ändert diese eine Zigarette an der gesamten Situation? Was bewirkt der „Stängel“ denn schon? Eine Lösung? Grins. Rauchen Sie weiter, entwickeln Sie ein Herzinfarkt – Risiko durch die Zigarette, nein STOP – Sie hilft Ihnen ja....

Ich bin überzeugt dieses Spiel kann man über Seiten hinweg weiter „spielen“. Aber ein Ende können nur Sie erreichen. Aber auch nur dann, wenn Sie es wirklich wollen – das ist der Schlüssel. Ich kann Sie beleidigen, provozieren – ich werde Ihr persönlicher Antichrist im RAUCHERKRIEG, alles kein Thema – aber so wird die Lösung nicht kommen. Ich muss ja zugeben, ich habe die Seiten gewechselt und habe schon ein wenig Spaß an diesem Spiel. Es ist vermutlich nur nicht wirklich sinnvoll.

Fassen wir die Fakten zusammen und kommen zu einem Punkt, wo wir zusammen weitergehen können.

WOLLEN SIE WIRKLICH DAS RAUCHEN AUFGEBEN UND EIN NEUES LEBEN STARTEN?

Kommt hier ein Überzeugtes JA – dann geht es nun weiter. Zögern Sie oder sagen sich selber: NEIN – jetzt noch nicht. Dann lesen Sie weiter um ein gewissen Spaßgehalt zu haben. Ich diene gerne der Unterhaltung, kein Thema. Nerve ich Sie, dann ab in den nächsten Müllkasten. Leider kann ich Ihnen keine Garantie für einen Wiederverkauf auf EBAY geben, Sie können es gerne einfach mal versuchen.

Kapitel 22: Die Zusammenfassung

Wo liegt Ihr Antrieb?

Mein Antrieb war folgender: Ich habe keine Lust mehr mich weiter selbst zu belügen und wieder „umzufallen". Ein weiteres Mal, wie schon so oft im Leben. Fakt ist: Ich habe eine vernünftige Entscheidung getroffen und werde diese DURCHZIEHEN! Koste es was es wolle. Auch ein Test für alle weiteren Aufgaben, die ich mir selbst stelle. Halte ich das durch, DASS WAS ICH WIRKLICH WILL IM LEBEN – DANN SCHAFFE ICH ALLES.

Also, Sie sehen so schwer ist es gar nicht. Die ganzen gesammelten Argumente werden nur zu einer logischen Entscheidung gebündelt und dann wird diese Entscheidung getroffen und eingehalten. Das ist eigentlich schon alles.
Kann man übrigens in sehr vielen Bereichen des Lebens anwenden.

Dann gibt es natürlich auch noch einen Punkt, den ich vielleicht noch erwähnen sollte. Der natürliche Feind des Nichtrauchers, gerade in den ersten Tagen und Wochen.

Jedes schlaue Buch behauptet:
NEIN; DER WERDENDE NICHTRAUCHER ISST NICHT MEHR, EINE GEWICHTSZUNAHME WIRD NICHT STATTFINDEN.

Ich muss leider zugeben, bereits als Raucher war der Kühlschrank mein größter Feind. Gegessen habe ich eigentlich immer, nur in den ersten Tagen und Wochen nahm es doch leichte überhand. Anhand einer

Waage kann ich mein Gewicht recht gut verfolgen. Gut, es gibt jetzt vermutlich Freunde die würden Folgendes behaupten: Dazu reicht das bloße Auge . . .
So schließt sich auch der Kreis in Sachen SPORT & BEWEGUNG.

Es gibt auch Theorien die eine direkte Ersatzhandlung beschreiben. Man sollte direkt mit Beginn der Raucheinstellung auch die Ernährung umstellen. Sich auf die kommenden Ereignisse einstellen. Hier steht Rohkost (Möhren etc.) direkt ganz oben auf der Liste der Ersatzmittel. Der Klassiker Kaugummi kommt natürlich auch vor und ist vielleicht auch noch die beliebteste Variante, achten Sie bitte auf zuckerfrei. Ihre Zähne werden es Ihnen danken.
Bedenken Sie bitte: Sie ersetzen Rauchen durch Rohkost, Kaugummi usw. Mit Sicherheit die gesündere und auch billigere Variante, aber es findet ein Ersatz statt.
Aus eigener Erfahrung: Nicht nötig, Sie schaffen es auch so.
Und ich muss leider auch diesen Punkt mit ins Spiel bringen. Sie haben über Monate den Bauch „erschaffen", er wird mit Sicherheit nicht ohne „TUN" und innerhalb weniger Stunden wieder verschwinden. Also, auch hier ist Geduld gefragt.

Ich glaube es ist die Umstellung. Der Körper sendet plötzlich andere Signale aus. Eigentlich mal objektiv gesehen bleibt die Zunahme der Essensrationen gleich, kleine Zwischensnacks lasse ich jetzt mal weg. Auch das ist im Endeffekt auch nur eine Frage des Willens.

Also greife ich auch hier wieder zum Punkt:
ICH WILL WIRKLICH NUR NOCH ... KILO WIEGEN UND GESUND LEBEN.

So setzte ich auch da meinen Willen durch, nicht umfallen – die Entscheidung ist im Kopf doch schon gefallen.

Und auch das ist machbar. Sport und Bewegung unterstützen mich, Disziplin wird langsam ein stetiger Bestandteil in meinen Leben.

Versuchen Sie es bitte: Sie werden feststellen, es ist toll. Wenn Sie den so genannten „inneren Schweinehund" erst mal überwunden haben, Sie sehen – ES GEHT – dann ist es toll. Und diese Disziplin nehmen Sie mit. Das kann Ihnen keiner nehmen, dass gibt Kraft und Stärke für noch so viele Aufgaben im Leben.

Kapitel 23: Alte Muster

Gerade in den letzten Jahren hat sich eine neue Berufssparte entwickelt. DER COACH. Wir verschlingen die Bücher, gehen zu Seminaren und lassen uns mitreißen – zumindest kurzfristig.
Und da liegt, so glaube ich zumindest, ein großer „Knackpunkt". Eine Motivation, die auch wirklich NACHHALTIG wirkt. Natürlich werden wir mitgezogen, sind begeistert – aber mal ehrlich – für welchen Zeitraum?

Wie schnell verfallen wir wieder in alte Muster?

Alles klang doch so „rund", so logisch. Ja, in den meisten Fällen gibt es sogar noch eine Warnung: Nicht wieder in alte Muster verfallen! Bei Stresssituationen nicht wieder zum Glimmstängel greifen und wir machen es trotzdem.

Von EINHUNDERT Zuhörern werden GARANTIERT mehr als NEUNZIG das alte Muster wieder aufleben lassen.

Aber WARUM? Warum tun wir das?
Was haben diese ZEHN, diese ZEHN NORMALEN MENSCHEN? Was machen diese ZEHN Personen anders?

DISZIPLIN!

Das steht es, dort steht die Antwort und Sie wussten sie bereits. Natürlich auch hier ist die DISZIPLIN der ausschlaggebende Faktor.

Der Antrieb, der Wille zur Umsetzung. Eine Entscheidung wurde getroffen, dieser Weg wird nun auch gegangen – keine Umkehr, kein Umfallen.

So einfach kann das Leben sein . . .

Aber, wir wissen alle das funktioniert leider nicht immer. Jedes Mal fängt das Spiel von VORNE AN. Jedes Mal stellen wir uns die Frage, JA ODER NEIN.

Und ich verrate Ihnen noch ein Geheimnis. Eine Kleinigkeit für den Weg, eine Winzigkeit die den Weg einfacher erscheinen lässt.

Ich habe viele Coachs getroffen, bewundernd hing ich an deren Lippen. Saugte förmlich die Informationen auf. Gigantisch, umwerfend, einfach eine Lernstunde für das Leben.

Und ich habe auch die andere Seite gesehen. Die Seite hinter der Fassade, ich konnte erkennen und sehen, wie die Menschen diese Energie nicht in den Alltag mitnehmen konnten, ich habe unendlich viel gelernt und dieser Fehler soll hier vermieden werden.

Wir sind alle nur Menschen, machen Fehler. Wir haben einen entscheidenden Vorteil, wir können diese Fehler wieder korrigieren und einen Neustart programmieren. Nutzen wir das Potenzial.

Man kennt die Gefahr, sie Sucht und dennoch passt man mal nicht auf, ist vielleicht unkonzentriert – und schwups sitzt man wieder in dieser Falle. Alte Muster können fatale Folgen haben.

Und im Laufe meiner Schreibertätigkeit ist mir noch ein zweiter Punkt wirklich bewusst geworden: GLAUBE!

Die Disziplin treibt es an, der Glaube ist wie eine Vision der Zukunft. Glaube steht hier für Vision. Für eine eigene Vision der Zukunft, an sich selber glauben.
Ich möchte betonen Glaube ist für mich gleichbedeutend mit Vision. Ich verfolge hier keinen religiösen Zweck. Sollte für Sie GLAUBE der Glaube an eine höhere Macht sein, kurz Gott genannt – dann bitte. Warum soll Ihnen Ihr persönlicher Glaube nicht helfen? Schließlich kann ein Glaube Berge versetzen, nicht wahr?

Der Glaube an sich selber, der WILLE es schaffen zu wollen. All diese Schlagwörter kommen aus uns. Sie müssen aus dem INNEREN kommen, sonst funktioniert das ganze Spiel nicht. Nur mit dieser Voraussetzung schaffen wir alles im Leben.
Rauchen aufhören, sorry – eine Kleinigkeit – Sie können noch ganz andere Sachen bewegen, ganz andere Dinge im Leben erreichen.

Vielleicht kann Ihnen auch dieser Tipp helfen: Stellen Sie sich in einem halben Jahr vor. Sehen Sie sich so, wie Sie gerne sein möchten. Sehen Sie sich als Nichtraucher? Gesund und fit, eine gesunde Hautfarbe – einfach FRISCH und FREI?
Dann setzen Sie es doch auch um. Was Sie sich vorstellen können, dass können Sie auch erreichen.
Ich verrate Ihnen jetzt noch ein Geheimnis. Sie brauchen kein halbes Jahr warten. Falls Sie noch nicht damit begonnen haben, dann starten SIE JETZT! SOFORT! Das Gefühl der Freiheit, ohne Rauch Ihre Zukunft zu gestalten können Sie sofort haben.

Walt Disney hat mit folgenden Satz meine persönliche Welt verändert:

IF YOU CAN DREAM IT, YOU CAN DO IT!

Wenn Du es „erträumen kannst, dann kannst Du es auch umsetzen!

Für mich als Träumer der perfekte Satz. Ich setze mir Ziele in „meiner eigenen „Traumwelt“ und setze diese dann einfach um. Und das Witzige ist: ES FUNKTIONIERT! Mal nicht sofort, mal einfach anders als erwartet, mal ist der Weg zum Ziel vollkommen unerwartet – aber es funktioniert.

Ist es der Wille, ist es der Glaube, beides? Eigentlich spielt es nicht wirklich eine Rolle, der Weg ist auch nicht unbedingt wichtig – nein, das Ergebnis zählt. Und als Ziel kann alles auf dieser Welt gelten, nichts ist unmöglich.

Warum es gerade in Ihrem Leben nicht klappt?

Überlegen Sie mal, wie oft haben Sie WIRKLICH WAS GEWOLLT. Mit jeder Haarspitze, mit jeder Phase des Körpers. Und ist es dann nicht auf irgendeiner Art doch passiert. Wir scheitern immer wieder nur an uns selber, dass ist der Hauptgrund. Nur wir sind für uns und unser Leben verantwortlich, also entscheiden wir auch selber.

Nur ich entscheide: Rauche ich weiter oder höre ich auf.

Nur ich entscheide: Wie läuft mein Leben weiter.

Nur ich entscheide: Bin ich im Job wirklich glücklich.

Diese Fragen kann nur ich mir selber beantworten. Nur ich kenne die Antworten auf diese Fragen.

Ein persönliches Beispiel für „Was ich wirklich will!".

Also ich höre beim Schreiben immer meinen Lieblingssender im Radio. Keine Schleichwerbung, gute Rockmusik muss als Tipp reichen. Es gibt vor Weihnachten jedes Jahr so ein Gewinnspiel. Kurz zusammengefasst: Man muss drei Songs erkennen und dann schnell im Studio anrufen. Ich habe es bereits im vorigen Jahr mehrmals versucht, nicht einfach – fast unmöglich. Eine Telefonleitung und Hunderte von Anrufer.

Dieses Jahr war es anders. Ich wollte nicht nur gewinnen, nein diesmal WUSSTE ICH ES DAS ICH GEWINNE! Kein Scherz, ich erzählte es meiner Frau und das Geld was ich gewinnen würde plante ich bereits in meiner vorweihnachtlicher Shoppingtour ein.

Und es ist jetzt bestimmt keine Überraschung. Bei einer der letzten Sendung, also einer der letzten Gewinnmöglichkeiten passierte es. Plötzlich war ich Live im Studio.

Meine Frau fiel fast vom Stuhl. Ich hatte es geschafft. Wirklich geschafft, angekündigt und den Preis abgeräumt.

Ich habe mir bereits öfters einen Porsche vorgestellt, na ja – Sie werden es vermutlich schon ahnen. Er ist noch nicht da.

Also, was will ich wirklich. Denken Sie bitte darüber genau nach.

Kapitel 24: Sein, tun & haben

Ich habe ein perfektes Bild meiner Zukunft, meins Aussehens im Kopf. So möchte, nein so werde ich in einem halben Jahr aussehen. Das werde ich in einem halben Jahr tun usw.

Eine gute Übung ist die * SEIN / TUN / HABEN* – Übung.

Sie benötigen einen Stift und ein Blatt Papier.

Stellen Sie sich folgende Frage und schreiben Sie die Antwort auf ein Blatt Papier:

Wie werde ich in einem Jahr sein:

Beschreiben Sie nun Ihre Vorstellung, wie Sie in einem Jahr gerne sein möchten. Zum Beispiel: Ein neues Haus, glücklich mit der Familie vereint, endlich einen Partner an der Seite etc. Zufrieden, glücklich usw.

Was werde ich in einem Jahr tun:

Beschreiben Sie nun Ihre Tätigkeit, zum Beispiel wie sieht Ihr Arbeitstag aus. Was möchten Sie wirklich tun.

Was werde ich in einem Jahr haben:

Beschreiben Sie nun was Sie wirklich HABEN WOLLEN. Glück, Familie, Kinder etc.

So entwickeln Sie nicht nur ein Gespür für die gewünschte Zukunft, nein – Sie schreiben Sie ganz genau auf – Detail für Detail – stylen Sie sich Ihr LEBEN – SO WIE SIE ES WOLLEN!

Schreiben Sie einfach mal, wie Sie persönlich Ihr Leben in FÜNF, ZEHN oder ZWANZIG JAHREN sehen.

Schreiben Sie ruhig auch Details auf. Versuchen Sie doch mal die „konstruierte Version". Wie genau sieht Ihr Wunschhaus aus, der Wunschjob und Ähnliches.

Und bleiben wir doch bei unseren Leitfaden / Laster – das RAUCHEN -. Sehen Sie sich in einer der „Lebenslisten" als Raucher „hustend" auf der Veranda sitzen? NEIN – das will wohl niemand.

Mich persönlich trifft die Vorstellung nach all den Jahren endlich am Ziel zu sein. Mein Haus, mein Boot - Sie wissen schon, der Werbespot – und dann die Diagnose Lungenkrebs – noch knapp ein halbes Jahr. Nein danke, braucht nun wirklich niemand im Leben.

Das mag jetzt krass formuliert sein, natürlich will ich Sie immer wieder erschrecken und aufrütteln. Ich selbst habe diese Gedanken mit dem „Tag X – rauchfrei" ebenfalls ins Nirwana geschossen. Ich denke nur noch in „gesunder Form" und beschäftige mich nicht Dingen wie Krankheit und die Folgen meines vorherigen Lebensstils.

Kapitel 25: Weitere Antriebsgründe

Um Ihnen vielleicht noch einen letzten Antriebsgrund zu liefern, möchte ich Ihnen Beispiele für Ihr Suchtverhalten geben und einfach mal vor Augen halten. Glauben Sie mir, dass sind alles persönliche Erfahrungen, persönliche Erlebnisse.

Ich weiß, nicht besonders nett und man liest es nicht gerne.
Aber sind wir ehrlich, es ist eine Tatsache und leider auch nicht zu übersehen.
Zum Beispiel beim Einkaufen. Die Schachtel wird eingepackt. Meistens zwei, kurz geschluckt als die Preise eingescannt werden. Aber dieses Sicherheitspotential für den heimischen Abend ist nun mal teuer.

Ich habe es jahrelang selbst erlebt und in meiner „Rückfallphase“ ganz besonders. Ich wäre NACHTS bis zur nächsten Tankstelle gelaufen – nur für ein paar Zigaretten – keine Frage. Mit dem Auto wäre ich über Grenzen gefahren, Hunderte von Kilometer. Es ist erstaunlich, wie die Sucht einen Menschen beeinflussen kann, ja so gar zerstören kann.

Ich selbst habe es auch im zweiten Durchgang geschafft, also keine Panik. Bevor Sie dem Nachbarn die Wohnung für Kleingeld ausräumen, ehe Sie einen Fremden in der Stadt die Kippe aus dem Munde klauen – es geht erst wenn Sie wirklich bereit sind.
Ich bin nach drei Tagen plötzlich „die Wände hochgelaufen“, mit welchem Ergebnis? Umgefallen und rückfällig.
Der Punkt war noch nicht erreicht. Keine Frage, aber wie erkennt man diesen Punkt? Wie merke ich es?

Der Punkt wird im Inneren festgelegt. Sie bestimmen diesen Punkt, also bitte keine AUSREDEN! Sie selbst, bitte nicht vergessen.

Also, Sie denken über VOR & NACHTEILE nach. Vorsicht, leichte Ironie.

<u>DAS RAUCHEN BESITZT KEINE VORTEILE.</u>

Sie setzen im Kopf den Startpunkt. Sie haben genau überlegt, wie beim Hauskauf, Autokauf usw. Schließlich gibt kein Mensch über 30.000 Euro für ein Auto aus, ohne vorher eine Probefahrt absolviert zu haben, ohne vorher einen Testbericht gelesen zu haben und so weiter. Dort haben Sie auch überlegt und geplant.
Und jetzt treffen Sie eine Entscheidung die nur Vorteile birgt. Sie können so gar Geld sparen, den Gesundheitsapostel lasse ich jetzt mal weg und verkneife ihn mir.

Wenn man beginnt das „Rauchen aufzugeben und ein passenden Ratgeber" zu schreiben braucht man folgende Zutaten.
Man sollte ein ehemaliger Raucher sein, wissen wovon man eigentlich hier schreibt. Die Tücken des Nikotins genau kennen. Schließlich will niemand einen Familienminister der keine Kinder leider kann . . .

Die nächste Stufe ist die Suche nach Möglichkeiten um diese Sucht zu beenden.
Es gibt auch hier verschiedene Arten. Aus Erfahrung, wahre Begebenheiten von „ehemaligen Mitrauchern", habe ich auch die anderen Möglichkeiten kennen gelernt. Leider hörte ich auch die Geschichten die Rückfälle und Enttäuschungen mit sich brachten

Die Rückfallrate bei Hypnoseanwendungen, bei der Akupunktur und bei Pflaster ist leider doch erstaunlich hoch. Spätestens nach ein paar Monaten „kippen“ die Menschen wieder um.
Erste Erfolge werden schnell erzielt, keine Frage – aber welcher Zeitraum wird effektiv abgedeckt? FÜR IMMER? – Das ist doch eigentlich das Ziel. Ich wünsche wirklich jedem Menschen, die Sucht zu besiegen und ein RAUCHFREIES LEBEN zu führen.

Es ist nicht wirklich schwer. Und die richtig anhaltenden Erfolge resultieren meistens nach so einer Geschichte:

ICH HABE VON HEUTE AUF MORGEN EINFACH AUFGEHÖRT.
ICH WOLLTE NICHT MEHR UND HABE AUFGEHÖR.
ICH RAUCHE BEREITS 30 JAHRE NICHT MEHR UND HABE NIE WIEDER DAS VERLANGEN GEHABT.

Das sind die Geschichten die das Leben schreibt. Aber leider nur ein kleiner Teil erlebt das so, der andere Teil bleibt süchtig und akzeptiert es irgendwann.
Bleiben Sie nicht in dieser Sackgasse stecken und nicht vergessen, es gibt immer einen Weg. Das im Tunnel ein Licht erscheint muss nicht immer ein Zug sein, meistens ist es ein „Ausweglicht“.

Ein paar persönliche Geschichten zeigen die Bemühungen, der Aufwand um einen Dauererfolg zu erzielen. Und immer ist der Wunsch da es wirklich schaffen zu wollen. Und dennoch gibt es leider nicht immer den gewünschten Ausgang, mal siegt man sofort und mal wird man recht schnell wieder rückfällig.

Ich habe mit Leuten geredet die über Jahrzehnte hinweg an der Zigarette hingen und plötzlich morgens aufstanden und nie wieder eine Zigarette anrührten.

Was war der Grund?

Einmal war es einfach nur Geld. Wenn die Schachtel erst mal FÜNF MARK KOSTET – dann höre ich sofort auf.
Mal ehrlich, ich kenne genau eine Person von hunderten Rauchern die das DAMALS durchgezogen hat. Es ist zwar LANGE HER, aber es hat bei dieser einen Person nachhaltig gewirkt. Heute ein Gesundheitsapostel und absolut RAUCHFREI.

Also ein Punkt für den Antriebsgrund GELD.

Ich kenne aber auch Leute die „schnaufen“ wie eine Dampflok. Können kaum noch eine kleine Steigung erklimmen, und das in der Stadt! Dort war der Antriebsgrund: Die Gesundheit, keine Frage. Es dauerte, aber es dämmert dann doch mal.
Morgens aufgestanden, vorher schon mit dem Thema beschäftigt und durchgezogen – bis heute! –

Also hier einen Punkt für den Antriebsgrund GESUNDHEIT.

Ich kenne aber auch zwei Fälle, nein Menschen persönlich die mit Hilfe der „Nadeln“ versucht haben das Problem in den Griff zu bekommen. Was sich eigentlich hervorragend anlässt, bei beiden Personen – und das unabhängig voneinander -, endet leider nach zwei bis maximal drei Monaten als Katastrophe. Warum auch immer, eine genaue Antwort

habe ich auf diese Frage nie erhalten.
Also scheint die Macht der Nadeln leider begrenzt zu sein.

Bei einer Person haben die „Schüssler Salze“ geholfen. Was vorher als Nikotinersatz versagt hat, wird durch die Salze Nummer 10 und Nummer 6 ersetzt. Natürlich ist hier eine „Ersatzgeschichte“ angesetzt worden, die vielleicht auch nur einen Placeboeffekt hat – aber es scheint zu funktionieren und das bereits über Monate hinweg.

Ich persönlich, wie bereits erwähnt, bin kein Freund von „Hilfsmitteln“. Ich sehe persönlich keinen Sinn in Pflaster, Plastikzigarette oder Ähnliches. Aber das ist meine ganz persönliche Meinung. Jeder Mensch geht anders mit dieser Sucht um. Und das Ziel ist wichtig. Es zählt nur „DAS RAUCHFREI SEIN“ am Ende des Weges, welchen Weg man eingeschlagen hat interessiert doch im Nachhinein niemanden mehr.

Ich habe in meiner Recherche viele Beweggründe erfahren. Mal war es die Erhaltung einer neuen Partnerschaft. Wenn NICHTRAUCHER & RAUCHER aufeinander treffen stoßen ja auch zwei unterschiedliche Einstellungen und Welten aufeinander. Dem „RAUCHER“ war eine mögliche Zukunft mit dem Traumpartner wichtiger als der tägliche Zigarettenkonsum.

Ich habe diese Geschichte aber auch schon andersrum erlebt. Plötzlich mutiert der Nichtraucher zum Raucher. Dort trifft der „Vorbildeffekt“ ein. Gesehen und nach Monaten mal ausprobiert, schwups packt die Falle zu.

Einen Antriebsgrund, den ich wirklich öfters hörte ist folgender:

<u>ICH HATTE EINFACH KEINE LUST MEHR!</u>

Kein Scherz, keine Vorbereitung im eigentlichen Sinn. Nur diese inneren Kämpfe über Jahre hinweg. Jeder Raucher kennt das. Es nervt eigentlich, nicht immer aber immer öfter. Kein Kleingeld, dann ist der Automat defekt. Man akzeptiert sogar seine Sucht und fährt zur nächsten Tankstelle.

Und das kann natürlich über Jahre hinweg auch ein ANTRIEBSGRUND werden – einfach KEINE LUST MEHR – auf diese Abhängigkeit.

Man nennt diese Methode auch die „Schlusspunktmethode“. Umfragen zeigen, dass fast 80% alle Raucher so aufgehört haben.

Ein weiterer Grund kann auch die Schwangerschaft sein. Und ich spreche jetzt über beide Seiten der Partnerschaft. Natürlich ist die Frau hier vermutlich „federführend“. Viele Damen haben wirklich in diesen neun Monaten keine Zigarette angerührt. Knapp 20% der weiblichen Raucher sind auch dabei geblieben und gehören nun zu den glücklichen Ex – Raucherinnen.

Da sollte sich der rauchende männliche Part ebenfalls seine Gedanken darüber machen. Thema Passivrauchen.
Ich werde die Schwangerschaft nicht als extra Antriebsgrund aufführen. Meiner Meinung nach gehört dies im Bereich „Vorbildfunktion“. Aber eine Schwangerschaft und die Gründung einer Familie kann doch ein schöner Grund sein.

Aber meine Aufgabe ist es Sie endlich von der Zigarette zu befreien, die Familienplanung überlasse ich dann doch lieber Ihnen. Ich möchte jetzt auch ausdrücklich darauf hinweisen, dass ich keine Unterhaltsansprüche akzeptieren werde. Sie sollten diesen Abschnitt besonders gründlich lesen.

Das wäre natürlich auch ein völlig neues Belohnsystem: Sex anstatt Zigaretten. Das geht auf die Kondition, so genannte Kettenraucher werden wohl schnell Ihr persönliches Limit erreichen und das Herzinfarktrisiko ist auch wieder hoch . . .

Zum Thema Sex gibt es aber auch noch eine kleine Gemeinheit. Das gilt jetzt einfach mal für die Singleabteilung:
14% aller Nichtraucher lehnen ein Date mit einem Raucher ab.
12% würden dem Sex nur aus diesen Grund verweigern.
Diese Studie stammt übrigens von einem Hersteller einer Ersatz – Zigarette. Also dient jetzt einfach mal der Unterhaltung.

Kapitel 26: Alle Antriebsgründe

Eine Zusammenfassung der ANTRIEBSGRÜNDE:

Bedenken Sie bitte, ein Antriebsgrund kann Berge versetzen – und das meine ich wirklich! – Ein Antriebsgrund kann Ihr ganzes Leben verändern.

1. Keine Lust mehr
2. Gesundheit
3. Geld
4. Vorbildfunktion
5. Weil ich es wirklich will

Leider muss ich auch gestehen, habe ich selber in meiner Familie Todesfälle erleben müssen, die ich auch heute noch auf das RAUCHEN zurückführe.
Wenn gerade die Großeltern in den frühen 80er Jahre sterben, in einer Zeit wo das Rauchen noch als schick galt, hat man eigentlich genug Warnungen bekommen. Meint man. Jeder Raucher weiß was ich meine, es steht ja derweil bereits auf den Packungen – aber man will es weder hören noch sehen.

Ein leidenschaftlicher Raucher,
der immer von der Gefahr des Rauchens für die Gesundheit liest,
hört in den meisten Fällen auf – zu lesen.
-*Winston Churchill*-

So wird natürlich auch eine Angst, die im inneren „wohnt" gerne benutzt um den gewünschten Erfolg zu erzielen. Aber kann diese Taktik wirklich auf Dauer erfolgreich sein? Ich kenne keine Erfolgsstrategie, die auf Angst beruht und wirklich über Jahre hinweg Erfolg hatte.

Ich kann nicht beurteilen, welchen Status die „Qualmerei“ bei Ihnen gerade im Moment hat. Denken Sie über das AUFHÖREN noch nach, haben Sie bereits begonnen?

Wie sieht es in Ihrer Familie aus? Wie war es vor Jahren, als Sie noch die Tischkante als Oberkante akzeptierten. Also im Alter wo man in den Grundschuljahren lieber mit den Autos als mit den . . . ich schweife ab, lassen wir das.

Wer raucht in Ihrer Familie?

Ein Lieblingsspruch meiner Oma war mal: Als Kind hast Du einen Bericht über das Rauchen gesehen und gesagt: ICH WERDE NIE EINE ZIGARETTE ANFASSEN!
Ich muss als Kind wohl sehr über meine „rauchende Eltern“ geschimpft haben.
Und mit knapp sechzehn Jahren bin ich dann selbst in die Falle getappt.
Und glauben Sie mir, meine Oma hat mir diesen Spruch bis an Ihr Lebensende vorgehalten, und ich meine wirklich vorgehalten – das fast bei jeder Zigarette die ich in Ihrer Gegenwart geraucht habe.

Gerne würde ich hier eine Rubrik beschreiben die PRATISCHE TIPPS heißt. Aber was soll ich hier schreiben? Sie brauchen keine praktischen Tipps, Sie selbst sind der Antrieb.

Kapitel 27: Tipps für den Weg

Wenn es Sie beruhigt kann ich Ihnen folgende Tipps mit auf dem Weg geben:

- Greifen Sie zu Obst, eine Möhre brennt zwar schlecht gibt aber ein Gefühl von einer Zigarette.

- Diese Pflaster habe ich leider noch nicht ausprobiert und vermutlich so eine Menge an Geld eingespart. Wenn Sie meinen ein Nikotinpflaster hilft Ihnen, bitte – versuchen Sie es.

- Mal ein Tipp der Ihnen wirklich helfen kann. Reden Sie mit Leuten die es geschafft haben. Nein, nicht die auf dem Friedhof, ich meine LEBENDE BEISPIELE DIE DIE SUCHT BESIEGT HABEN!

- Mein ganz persönlicher Tipp: Sie schaffen es selbst, ohne Hilfsmittel. Glauben Sie an sich. Und die schlimmsten Entzugserscheinungen finden nur im Kopf statt, dem Körper geht es gut. Nicht vergessen.

- Klappt es nicht direkt beim ersten Anlauf, kein Problem. Versuchen Sie es erst, wenn Sie wirklich bereit für diesen wichtigen Schritt sind.

- Sollten doch Hilfsmittel benötigt werden kann ich Ihnen aus Gesprächen mit „EHEMALIGEN" ein wirklich glorreichen Tipp geben: Fragen Sie doch mal Ihren Arzt.

- Im Internet stöbern: „Mitbrüder und Schwestern" suchen die in der gleichen Situation stecken. Es gibt genug Foren, wo wirklich klasse

Tipps und auch Hilfestellung angeboten wird. Ein ähnlicher Ansatzpunk wie mit den „überlebenden“ zu sprechen, nur stehen Sie hier gerade gemeinsam mit Leidesgenossen im Kontakt.

- Und wieder im Internet stöbern: Sie suchen diesmal Erfahrungsberichte von professionellen Coachs. Nichtraucher – Seminare, Ärzte und Heilpraktiker etc. Sollten alle Versuche scheitern, was ich aber nicht glaube, dann ist dort eventuell eine Anlaufstelle für Ihre Problematik. Und die scheint mir dann kopfgesteuert zu sein.

- Vermeiden Sie Alkohohl. Er schwächt die Sinne, weckt eventuell auch wieder alte Verknüpfungen und Muster auf. Also, lieber vorerst Finger weg!

- Gereizt und schlechte Laune – Kann passieren. Schon mal was von Johanniskraut gehört, nein nicht anzünden . . . fragen Sie einfach Ihren Arzt oder Apotheker. Es hilft wirklich.

- Ablenken im Allgemeinen. Sport, Bewegung und Gespräche – hilft alles.

Ich weiß, viele werden jetzt lächeln und sagen: Na, der gute Mann raucht jetzt gerade mal über ein Jahr nicht mehr und behauptet das hält für immer. Viele würden mir vielleicht so gar einen Rückfall wünschen, natürlich nur die, die gerade jetzt eine Kippe im Mund haben und es noch nicht einmal ansatzweise geschafft haben. Keine Frage, auf solche Wünsche lege ich natürlich auch keinen Wert. Hier findet man einen

vollkommen falschen Ansatz, der Wille und der Geist ist noch lange nicht so weit.
Ausbaufähig in jeglicher Hinsicht.

Und auch Sie kennen dieses Gefühl: Das ist für immer. Es ist plötzlich da, Sie haben es fokussiert. Es ist Ihr Wunsch, Ihr Wille, Ihr Antrieb das es so sein soll.

Ich verrate Ihnen nun die Annehmlichkeiten, wenn Sie es geschafft haben. Vorab möchte mit einer Illusion aufräumen. Jeden Tag FÜNF EURO mehr im Sparbeutel ist leider auch nicht die Wahrheit. Das Geld ist zwar da und man merkt es auch – kein Thema. Aber ich habe noch keinen getroffen, der wirklich Tag für Tag spart. Aber OK, es ist technisch machbar.

Ich habe mich für die alle drei Monate Belohnung entschieden. Und das macht wirklich SPASS.

Kapitel 28: Der positive Effekt

Was ändert sich, was ist der POSITIVE EFFEKT IM LEBEN?

- Die finanzielle Lage. Leichte Erholung einer finanziellen Schieflage möglich. Sie sparen in der Regel 5.-Euro am Tag.

- Die Gesundheit. Stimmt wirklich, geht auch recht schnell. Zumindest die kleinen Erfolge sieht man schnell. Joggen, der Spaziergang, alles ist wieder möglich. Ohne großes Schnaufen, die Atemnot in mancher Situation.

- Riechen! Kein Scherz, Sie werden wieder Dinge „riechen" die Sie vorher nicht mehr ansatzweise in der Nase hatten. Und Sie werden den Gestank von Rauch und Zigaretten wahrnehmen. Das ist nicht wirklich ein Vorteil . . .

- Für mich gibt es noch einen besonderen Vorteil: Die „Beschaffungsnot" fällt weg. Wenn mal abends keine Zigaretten im Hause sind, werde ich bestimmt nicht mehr in Panik verfallen. Das ist wirklich ein schönes Gefühl. Und das meine ich wirklich ernst.

- Mein Umfeld hustet viel weniger. Kinder? Sind Kinder bei Ihnen im Haus? Dort werden Sie eine Veränderung feststellen. Wenn nicht für sich selber dann für den Nachwuchs.

- Gelbe Finger, gelbe Zähne, graue Haut usw. – Das habe ich als Raucher überhaupt nicht gerne gehört, ich lasse es einfach weg. Sie wissen es eh besser.

- ENERGIE. Sie bekommen wirklich einen Energieschub. Kein Scherz, es gibt ihn wirklich. Elan und Energie sind wieder ein ständiger Begleiter. Rauchen hemmt und grenzt Sie ein, kein Scherz.

- Haben Sie schon mal am Flughafen in diesen „Raucherkäfigen / Abzugshauben" gestanden? Also, ich kam mir selten so dämlich vor. Und jetzt kommen mir die Leute in der Dunstabzugshaube so vor. Ein Sichtwechsel . . .

- Sie werden „positive Gefühle" erleben. Kein schlechtes Gewissen mehr, ein starkes Gefühl entsteht: Ich habe es geschafft.

- Bessere Durchblutung der Haut, ergo weniger Fältchen und im Alter sieht man nicht unbedingt wie eine Landkarte aus.

  Ich könnte Ihnen noch hunderte mehr oder weniger sinnige Beispiele anführen. Eines haben alle gemeinsam: Sie stimmen. Auch wenn wir heute noch über Fältchen lachen, im Laufe der Jahre wird sich die Situation zuspitzen.
  Die Gesundheit leidet nun mal nachweislich.

Auch folgender Bericht soll sich POSITIV auf das NEUE RAUCHFREIE LEBEN einstimmen. Ich weiß, es wirkt im ersten Moment überhaupt nicht...

<u>Und so erholt sich der Körper nach der letzten Zigarette.</u>

Bereits nach zwanzig Minuten:

Blutdruck und Puls sinken auf normale Höhe.

Die Körpertemperatur von Hände und Füße steigt auf normales Niveau.

Nach 8 Stunden:

Der Sauerstoffspiegel im Blut steigt wieder auf normale Höhe an.

Nach 24 Stunden:

Das Risiko des Herzinfarkts sinkt bereits.

Nach 48 Stunden:

Die Nervenenden beginnen mit der Regeneration.

Geruchs- und Geschmacksrezeptoren arbeiten wieder stärker.

Nach 2 Wochen bis zu 3 Monaten hin:

Die Lungenfunktion verbessert sich um ganze 30%.

Das Gehen fällt wieder leichter.

Nach einem bis hin zu 9 Monaten:

Rückgang von Hustenanfällen.

Die körperlichen Energiereserven erhöhen sich wieder.

Nach 5 Jahren:

Das Lungenkrebs – Risiko vermindert sich um die Hälfte.

Das Herzinfarkt – Risiko vermindert sich auf NICHTRAUCHER – NIVEAU.

Nach 10 Jahren:

Das Lungenkrebs – Risiko liegt jetzt ebenfalls auf Nichtraucher – Niveau.

Nach 15 Jahren ohne Zigarette haben Raucher wieder den Nichtraucher – Staus erreicht, Glückwunsch....

Kapitel 29: Der Statistikteil

Ich würde dieses Kapitel gerne der Statistik widmen. Eigentlich eine trockene und nicht unbedingt „lesbare“ Angelegenheit. Aber diese Zahlen erschrecken und können ebenfalls als Augenöffner dienen.

- 19 Millionen Raucher leben zurzeit innerhalb der Bundesrepublik.
- Der größte Anteil liegt in Altersgruppe von 18 bis 29 Jahren.
- Welches Land hat kein überregionales und umfassendes Nichtraucherschutzgesetz? – Deutschland –
- Weltweit gibt es eine Milliarde Raucher, Durchschnittswert 15 Zigaretten am Tag pro Raucher.
- 3 Millionen Menschen sterben nachweislich jährlich weltweit an den Folgen des Rauchens.
- 3.400 Menschen sterben vermutlich jährlich am Passivrauchen, die Dunkelziffer kann auch noch höher liegen. Und das gilt nur für Deutschland.
- Jeder sechste Todesfall ist durch die Folgen des Rauchens bedingt
- Das Nikotin erreicht das Gehirn binnen sieben Sekunden.
- An den Folgen des Rauchens sterben im Jahr mehr Menschen als an Verkehrsunfällen, Feuer, Alkohol, Kokain, Heroin, AIDS, Mord und Selbstmord zusammen! –Weltweit-
- Die durchschnittliche Lebenserwartung ist beim Raucher um 8,3 Jahre kürzer.
- Weltweit werden pro Tag 30 Raucherbeine abgenommen.
- Kleinkinder können wirklich an einer verschluckten Zigarette sterben.
- 50mg Nikotin (knapp 25 Zigaretten zusammen) könnten einen Menschen auf der Stelle töten.

- Sie kennen noch die vollkommen verqualmten Raucherzimmer in den Krankenhäusern: Eine Stunde im Raum bedeutet: sie haben FÜNF Zigaretten konsumiert.

Brutal diese nackten Zahlen zu lesen, egal ob Raucher oder Nichtraucher. Ich stellte mir bei einigen Punkten aber auch die Frage: Wer ermittelt so was?

Das Volumen der Zigarettenindustrie ist gigantisch.

Und noch eine Informationen die ich sehr bemerkenswert fand. Unser Raucheridol „der Marlboro – Mann“ war in seinen letzten Lebensjahren ein Kämpfer gegen den blauen Dunst. Bevor er an Lungenkrebs verstarb sagte er bei seinem letzten Interview: „Meine Sucht hat sich gerächt. Ich beende mein Leben unter einem Sauerstoffzelt. Ich sage euch, Rauchen ist das nicht wert.“

Der andere GROSSE und BEWUNDERTE Cowboy – Sie wissen schon – John Wayne. Zum Schluss war die Zigarette wie eine Pistolenkugel, nicht sofort tödlich.....

Kapitel 30: Glückwunsch

Ich könnte Sie noch stundenlang bzw. Seitenlang unterhalten. Doch das ist nicht der Punkt. Sie selber werden Ihren Punkt finden, Ihren Antrieb um dieses Laster endlich über Bord zu werfen. Sollten Sie bereits die letzte Kippe geraucht haben – dann – GLÜCKWUNSCH. Wenn es erst in ein paar Tagen soweit ist, ebenfalls GLÜCKWUNSCH.

Die Hauptsache ist: Sie erreichen diesen Punkt und können sich für diese Leistung BEGLÜCKWÜNSCHEN. Schaffen Sie das, dann können Sie noch so vieles im Leben schaffen und bewältigen. Was spricht dagegen vor einer schwierigen Situation, zum Beispiel wenn ein unangenehmes Gespräch mit dem Chef ansteht, zu sagen: ICH HABE MIT DEM RAUCHEN AUFGEHÖRT, MEINE SUCHT BESIEGT, EIN NEUES LEBEN BEGONNEN, DANN WERDE ICH DAS WOHL MIT LINKS SCHAFFEN!

Es wird ein Sieg des Willens, der Disziplin und des Glaubens an sich selber werden, versprochen.

Feiern Sie sich täglich! Gut, bitte nicht jeden Tag Schampus und Hummer. Sonst sind die nächsten Bücher vermutlich „Kampf dem Alkohol“ und „Raus aus der Schuldenfalle“.

Aber erzählen Sie es, gönnen Sie sich einmal im Monat was. Feiern ist wichtig, es gehört zum Leben STOLZ auf sich und seine Leistung zu sein.

Wie bereits vorab schon erwähnt bin ich so der typische Vertreter der „männlichen Besucher aller Elektromarkt – Ketten", das heißt eigentlich nur: Das was ich jetzt einspare, investiere ich in Schnickschnack, der mir persönlich SPASS macht und den ich mir verdient habe.

Ein paar „Belohntipps":

- Kleine Erfolge ruhig auch schon mit kleinen Belohnungen huldigen.
- Nehmen Sie ein realistisches Ziel vor. Nach sechs Monaten RAUCHFREI geht es für ein Wochenende in ein Wellnesshotel.
- Für ein rauchfreies Jahr springt doch bestimmt ein Sommerurlaub raus.
- Eine Idee die mich vollkommen begeistert hat: Kaufen Sie sich mit Beginn der Rauchenthaltsamkeit eine Pflanze. Sie werden es lieben dieses Pflanzen wachsen zu sehen.
- Verändern Sie mit Beginn auch gleich Ihr Aussehen. Neuer Haarschnitt, neue Anziehsachen. Ein neues ICH erschaffen.
- Die verrückten Dinge im Leben angehen: Sie wollten schon mal aus einem Flugzeug hüpfen? Also los, Fallschirm um (wichtiger Tipp meinerseits) und dann ab. Sie wollen hüfen, dann hüpfen Sie!
- Sie haben zeitgleich mit Sport begonnen? Super, klasse Idee – super geniale Umsetzung. Wie wäre es dann zum Beispiel mit einem neuen Fahrrad? Das alte Klapprad ist mal schön gewesen. So ein neues Rennrad ist schon ein Motivationsschub der besonderen Art.
- Es gibt auch die Möglichkeit eines „Ich bin jetzt kein Raucher mehr, besitze nun auch mehr Geld" Kredites. Das Wortspiel stammt von mir, vermutlich unschwer zu erraten. Also gemeint ist folgendes: Sie rechnen hoch: Ich spare in den nächsten sechs Monaten genau 600.- Euro, also ergo ist mein geliebter und gewünschter Flachbildschirm

schon finanziert. Sie geben bzw. erlauben sich selbst also einen Ratenkredit. Bitte bloß nicht umkippen.

- Mein Belohntipp Numero EINS: Ihre Lunge, Ihre Atemwege. Das ist für mich persönlich das Highlight.

Es gibt viele Möglichkeiten sich selbst zu belohnen. Warum auch nicht? Sie leisten gerade Großartiges.
Vielleicht kann aber ein „Belohnanreiz“ eine Hilfestellung für andere sein. Die Belohnung ist ein Dankesschreiben, eine Aufmerksamkeit – plötzlich helfen Sie auch noch anderen, nicht nur sich selbst.

ALSO BITTE, KEINE FALSCHE SCHAM – SIE HABEN ES SICH VERDIENT!

Manches mag sich leicht übertrieben lesen, es geht hier schließlich nur um das Rauchen. Oder geh es doch um mehr, Einstellung und Willen, Disziplin und Glauben an sich selber? Es mag für jeden eine andere Sichtweise gelten, keine Frage.

Ich hoffe dieses Buch ist eine Hilfestellung, eine Anleitung oder eine Wegbeschreibung. Es soll keine Bevormundung sein, sondern Sie steuern sich selber – das sollte KLAR SEIN. Natürlich ist meine Wortwahl teilweise hart oder grenzwürdig – ich provoziere gerne, gerade im Bereich RAUCHEN – meine Worte sollen natürlich auch eine Wirkung erzielen. Mal ist es lustig, mal hart und natürlich auch fies, aber diese Fakten habe ich nur übernommen. Sie sehen, ich bin eigentlich gar nicht fies.

Kapitel 31: Ratgeber für Eltern

Wenn der Nachwuchs qualmt

Ich hatte in einem vorigen Kapitel schon mal den Gruppenzwang beschrieben. Gerade Jugendliche sind in dieser Gruppendynamik gefährdet und setzen sich bereits früh den Gefahren des Rauchens aus. Das Klischee von cool und absolut „IN" zu sein existiert leider noch in vielen Köpfen. Die letzten Jahre haben schon eine Kehrtwendung bewirkt, mit Sicherheit war ein gewisser Hype aus dem Filmgeschäft nicht ganz unschuldig. Ob das nun ein Vorteil ist, mag ich zu bezweifeln und dort werden vermutlich schon die nächsten Trends und Gefahren produziert.
Und es gibt natürlich auch ein Gefühl „von ERWACHSEN sein".

Der zweite entscheidende Punkt ist natürlich auch die Vorbildfunktion im eigenen Haus. Die Eltern sind gerade in einer Prägephase immer ein Vorbild und sollten diese Illusion nicht zerstören.

Sehr großer Beliebtheit erfreuen sich derzeit auch die Wasserpfeifen. Leider ist es auch hier ein Irrglaube zu behaupten diese sein nicht schädlich.
Ein paar kurze Informationen zum Vergleich und zur Verdeutlichung:

- Wasser filtert nicht, die Belastung durch Schadstoffe ist viel höher.
- Die Belastung beim Passivrauchen ist ebenfalls viel höher.
- Der Nikotinspiegel im Blut ist viel höher.

Fast schon erschreckend ist die Tatsache, dass in diversen Ratgeber die Hilfestellungen bei Alkohol, Drogen und auch der Nikotinsucht gleich sind. Eigentlich erwartet man im Bereich des Rauchens doch eine Abstufung.

Es gibt unterschiedliche Ansichten wie man Kindern bzw. Jugendlichen das Rauchen abgewöhnen soll. Sie kennen sicher die Geschichten von der Klinik, in der Patienten als „abschreckendes Beispiel" benutzt werden. Es gibt solche Fälle wirklich. Eltern, die in Kliniken anrufen und einen Termin vereinbaren und ehemalige Raucher, die gerne Ihre negativen Erfahrungen zur Schau stellen, zu besuchen. Ich bin kein Freund dieser Methode, sie schockiert und hinterlässt mit Sicherheit einen tiefen Eindruck, aber muss das wirklich sein?

Auch der nächste Tipp läuft in die Abteilung „SCHOCKEN" hinein. Es gibt im Internet ein Programm, das den Ablauf der nächsten Lebensjahre simuliert. Dazu wird Ihr Gesicht im PC eingescannt (aktuelles Passbild) und nun berechnet ein Programm, wie Ihre ganz persönliche Entwicklung und Ihr Verlauf sein werden. Dieses Programm wurde in den USA sehr erfolgreich bei den Teenagern eingesetzt. Kaum eine Maßnahme war so erfolgreich im Kampf gegen den blauen Dunst. Sie bekommen als Vergleich den NICHTRAUCHER und den RAUCHER angezeigt. Brutal, die Nebenrolle in einem Horrorstreifen ist Ihnen sicher. Keine Frage.

Frage: Was kann ich tun?
Eine Antwort die ich öfters in den Gesprächen zu hören bekam: NIX! Wenn die rauchen wollen, dann rauchen die.

Mag sein, aber das hört sich für mich wie aufgeben an. Auf mögliche Gefahren sollte hingewiesen werden. Es ist mit Sicherheit schwierig, wenn die Zigarette lässig in der Hand ruht und man selber eigentlich nicht die geringsten Anzeichen zwecks „Aufhören" anzeigt. Sein Sie fair und geben Sie ihrem Kind eine Chance, die Gefährdung zu erkennen, Sie selbst kennen die Folgeschäden doch auch bereits. Sagen Sie doch einfach ehrlich, wie Ihr allgemeiner Zustand wirklich ist, was sich in den letzten Jahren alles verändert hat.
Sollte jetzt die Antwort kommen: gar nichts, immer noch TOP FIT! – Ich glaube Ihnen kein Wort. Drehen Sie doch einfach zum Spaß zur Abwechslung mal eine Runde auf dem Sportplatz.

Was auch nicht funktionieren kann und leider auch des Öfteren als Antwort genannt wurde: „Den verhaue ich den Po". Jetzt kommt meine Standardantwort: Gewalt ist nun mal keine Lösung, außer vielleicht bei Bruce Willis. Ernsthaft, denken Sie nicht einmal ansatzweise darüber nach.

In vielen Ländern ist das Rauchen offiziell ab dem 16.ten Lebensjahr erlaubt. Das heißt in der Schlussfolgerung: Wenn Ihr Kind bereits fünfzehn ist, was sollen da ausgesprochene Verbote bringen. Spätestens in einem Jahr ist es erlaubt, zumindest außer Haus. Wie Sie sich in den eigenen vier Wänden entscheiden, ist natürlich dann noch Ihre Ansichtssache. In dieser Altersgruppe hilft wirklich nur Aufklärung durch reden, und die Entscheidung treffen SIE nicht mehr! Diese liegt alleine beim Nachwuchs, darüber sollten Sie sich bewusst sein.

Weisen Sie beim aufklärenden Gespräch“ auf folgende Themen hin und beachten Sie die Ratschläge:

- Risiken beim Rauchen, beim Passivrauchen
- Die Rolle der Industrie und der Werbung usw.
- Respektieren Sie auch die Meinung Ihres Kindes, wichtig!
- Keine Schuldfrage stellen, interessiert jetzt überhaupt nicht.
- Reden Sie nicht stundenlang, bleiben Sie klar und deutlich bei Fakten.
- Finden Sie einen Kompromiss, eine Vereinbarung – zum Beispiel: Nicht im Haus rauchen.
- Lassen Sie den erhobenen Zeigefinger in der Tasche stecken. Verhängen oder drohen Sie nicht mit sinnlosen und überzogenen Strafen.
- Hören Sie wirklich zu!

Es gibt leider keine hundertprozentige Möglichkeit, das Rauchen vollkommen zu unterbinden, zu verbieten oder sein Kind vom Rauch abzuhalten.

Es gibt eine Alterstabelle die darlegt wie Kinder über das Rauchen denken.

Vor dem 12. Lebensjahr ist die Haltung gegenüber dem Rauchen pure Ablehnung. Interessant ist dabei, es ist egal ob die Eltern rauchen oder nicht. Allgemeiner Tenor: es stinkt und es ist ekelhaft.

Das alter von 12 bis 15 Jahren gilt als das „Experimentieralter“. Dort werden Dinge ausprobiert die vorher noch als BAH galten. Das andere Geschlecht / oder auch gleiche – dürfte auch in diese Rubrik fallen.

Die Gefahr ist hier natürlich das „nur einmal probieren" zur direkten Abhängigkeit führen kann. Wir wissen selber aus eigener Erfahrung, dass nur einmal „ziehen" in den wenigsten Fällen funktioniert. Die Geschichte: „Ich habe einmal als Jugendlicher an einer Zigarette gezogen, mir wurde speiübel und dann nie wieder im Leben", ist eine schöne Geschichte – aber doch eher selten.

Als Schlussfolgerung gilt in dieser Alterstabelle: Wer mit 18 Jahren nie geraucht hat, der wird es wahrscheinlich auch bis zum restlichen Lebensabend nicht mehr tun.

Ich gehe zum Abschluss des Kapitels einfach mal davon aus: Wir wollen nur das Beste für unser Kind. Es ist schwierig in der heutigen Zeit den Versuchungen nicht zu erliegen. Der Umgang ist ebenfalls ein entscheidender Faktor und leider nur selten zu steuern. Also schenken wir Vertrauen, versuchen wir als Vorbild zu agieren. Lassen bei Gesprächen den Zeigefinger in der Tasche und respektieren auch andere Meinungen. Fakten und sachliche Hinweise führen vermutlich viel eher zum Erfolg, Strafen und Sanktionen werden auf Dauer überhaupt nicht funktionieren.

Kapitel 32: Neumodisches Zeug oder Alternativen?

Dieses Kapitel mag sich jetzt recht „komisch" anhören, aber Sie werden feststellen: Es gibt viele NEUE Dinge auf dem Markt.

Ausrücke wie ULTRALIGHT, ORGANICS, FREI VON ADDITIVEN sind einfach nur eine Verharmlosung. Die Giftstoffe wurden weder reduziert noch „entgiftet", sie habe nur einen neuen Namen bekommen. Streckenweise wurde in vielen Ländern per Gesetz ein Riegel vorgeschoben.

Schon von so phantasievollen Namen wie Bidi, NicStic oder Kretek gehört?
Kleiner Tipp vorab, es sind keine neuen Marken wie ich es auch erst vermutet habe. Es handelt sich hier um „neue Möglichkeiten und Arten" des Rauchens

.

Bidi:

Ein dünner Rauchstängel, der aus Indien stammt und mit Tabak oder gar streckenweise mit Kräutern gefüllt ist. Aufgrund des geringen Preises gelten die Bidis als „Rauchware für die Armen".
Sie sind sehr stark gerollt und man muss als Raucher viel öfter und tiefer inhalieren, um sie überhaupt am Glühen zu erhalten. Im Vergleich zur „normalen" Zigarette nimmt der Bidi – Raucher dreimal soviel Nikotin und fünfmal mehr Teer zu sich.

Bidis sind in Deutschland bereits in den 80er Jahren verboten worden. In Österreich und der Schweiz sind diese heute noch erhältlich.

Bereits bei der Herstellung, streckenweise auch von Kinderhänden gefertigt, entstehen durch den Tabakstaub Lungenkrankheiten.

NicStic – die rauchlose Zigarette

Es gibt derweil diverse Anbieter die diese Art von „Rauchen“ anbieten. Der Anbieter NicStic ist schon wieder Geschichte. Das Prinzip der rauchfreien Zigarette aber noch lange nicht.
Über eine Heizspule wird diese „aufgeladen bzw. erhitzt“ und Nikotin und Aromastoffe können dann inhaliert werden.
Ein Nachfolgeprodukt bzw. Weiterentwicklung ist Blue Sky.
Die Bezeichnung „gesunde Zigarette“, die gerne benutzt wird, stimmt leider nicht. Nikotin wird inhaliert, sie verzichten zwar auf Teerprodukte, aber der Faktor Nikotin bleibt.
Und Nikotin steht unter anderem für Herzinfarkt, Lungenembolie und dem Raucherbein.

Die WHO (Weltgesundheitsorganisation) warnt vor solchen Produkten. Sie würden nicht wie gerne gekennzeichnet der „Rauchentwöhnung“ dienen, sondern die Schad- und Suchtstoffe würden auch weiterhin verbreitet. Und sollten Sie jemals den Zusatz „empfohlen von der WHO“ auf der Verpackung lesen, GELOGEN – fragen Sie bitte bei der WHO nach – machen Sie sich auf deren Internetseite schlau. Also bitte Obacht.

Ein weiterer Kritikpunkt ist: Es gibt keinen wissenschaftlichen Nachweis, keine Studie die etwas Aussagekräftiges belegen kann.

Ein Erwerb ist fast nur über den Internethandel möglich. Kein Hersteller hat eine notwendige Zulassung für Medizinprodukte beantrag. Es handelt sich mal wieder um eine Grauzone und das Thema scheint noch lange nicht geklärt zu sein.
Es gibt keinen Beweis für ein GESUNDES RAUCHEN.
Auf eine Auflistung der Inhaltsstoffe wird bei den meisten Anbietern komplett verzichtet.

Kretek

Steht für die Nelkenzigarette. Eine Zigarette die in Indonesien hergestellt wird. Hierbei wird der Tabak mit geschroteten Gewürznelken vermischt.

In den USA sind „Nelkenzigaretten" noch umstrittener als die herkömmliche Zigarette: Ab September 2009 gibt es ein absolutes Verkaufsverbot. Der Nikotin und Teerwert ist weitaus höher als beim herkömmlichen Normalmodell einer Zigarette.

In Deutschland ist die Nelkenzigarette frei erhältlich und gilt in diversen Kreisen als absolut hipp. Sie ist nachweislich genauso gesundheitsschädlich wie der normale Ableger einer Zigarette.

Nikotinersatz:

Sie kennen bestimmt schon die verschiedenen Pflaster und Kaugummiarten, zumindest vom Hören her. Ich habe selber keinerlei Erfahrungswerte mit den Ersatzmitteln dieser Art gesammelt. Ich kenne aber doch recht viele Erfahrungsberichte von Nutzern, die zum Beispiel auf Nikotinpflaster schwören.

Für die persönlichen Bedürfnisse wurden schon verschiedene Stärken entwickelt, gestaffelt für die verschiedenen „Suchtgrade“.
Hier ist die Rücksprache mit dem Apotheker oder dem Hausarzt sehr zu empfehlen. Dieser kann bei Bedarf auch noch auf verschreibungspflichtige Nikotinersatzmittel zurückgreifen.

Der Einsatz dieser Mittel sollte auf 8 bis maximal 12 Wochen begrenzt werden.
Wenn das Ihr Weg ist, dann bitte. Zögern Sie nicht, Sie sind nicht der Erste der diesen Weg beschreitet.

Kapitel 33: Rückfallgefahr?

Und wenn doch ein Rückfall droht? Tipps und Möglichkeiten:

- Tief einatmen, klare und saubere Luft inhalieren.
- Viel Wasser trinken, lenkt schon im Vorfeld ab.
- Gemüse & Obst (Essen!)
- Zettel in der Brieftasche mit allen positiven Auswirkungen und den vielen Vorteilen eines Nichtrauchers.
- Bewegung, wenn möglich schnell an die frische Luft. Bitte nicht direkt zu den Aschenbechern.
- Es sind nur Gedanken im Kopf, weg damit! Das Kopfkino ausschalten.
- Hilfe suchen (Internet – Foren oder Freunde)
- Lesen Sie einfach „den fiesen Part“ noch mal, es tut weh aber hilft.
- Scharfe Kaugummis oder Pastillen
- Entspannung. Nehmen Sie ein Bad.
- In der Regel dauert diese Attacke drei Minuten, also eine Zigarettenlänge. Sie werden wohl drei Minuten überbrücken können, oder?
- Sie sind nicht alleine! Auch wenn es Ihnen im Moment so vorkommt, dass hat jeder Ex-Raucher durchgemacht.
- Achten Sie für die Zukunft auf „Dinge“ die Sie an das Rauchen erinnern und verbannen Sie diese komplett aus Ihrer Wohnung. Als Schutz für zukünftige Attacken.
- Jetzt wird es brutal: Vermeiden Sie Kaffee! Kaffee und Zigarette ist bei den meisten Rauchern eine Kombination die über Jahre hinweg gehalten hat.

Die genannten Punkte können helfen Ihnen im „Notfall" wieder den richtigen Weg zu zeigen. Sie werden so wieder an das Ziel erinnert, sehen plötzlich die Vorteile des Nichtrauchens wieder. Aber warum wurde es plötzlich nach dieser Zeitspanne wieder gefährlich?

Warum ist die Motivation gesunken? Warum denke ich überhaupt noch an das Rauchen?

Ihr Umfeld? Raucht der Partner, die Freunde? Dort „drohen" natürlich auch die Gefahren.

Bestimmte Situationen, es gibt eine Verknüpfung von Ereignissen. Zum Beispiel die Tasse Kaffee nach dem Frühstück und dann kam eigentlich immer die erste Zigarette. Das über Jahre hinweg, wie soll das innerhalb weniger Tage und Wochen verschwinden? Sie können nur die Situation ändern, oder so schnell wie möglich die Verknüpfung im Kopf lösen.

Und da ist ja auch noch unser Freund der Nikotinteufel. Viele geben diesen kleinen fiesen Kerl einen Namen, um dann direkt besser im Geiste die Faust kreisen zu lassen. Frei nach dem Motto: Hat das Gesicht einen Namen dann trifft man auch besser.

Also was sagt denn unser Freund immer:
- Na die eine kann nicht schaden. (Schwachsinn, sofort wieder süchtig, alles fängt wieder von vorne an. Das gebe ich Ihnen sogar schriftlich!)
- Das hat doch immer Spaß gemacht. (Hat es nicht, denken Sie doch einfach an die Hustenattacken.)

Aber warum? Die Abhängigkeit ist bereits nach Tagen aus dem Körper verschwunden. Sie haben keine Entzugserscheinungen. Es ist das Kopfkino, nicht mehr und auch nicht weniger. Unser Kopf wird noch angegriffen mit diesen fiesen Versuchen. Mehr ist eigentlich nicht.

Mein Tipp lautet:
Geben Sie diesen fiesen kleinen hässlichen Nikotinteufel einen passenden Namen. Stellen Sie sich sein Gesicht vor, dann erschaffen Sie einen Wächter Ihrer Gedanken. Kein Scherz, nehmen wir einen „Rausschmeißer" – groß und breit. Dieser nette junge dynamische Mann ist der Aufpasser Ihres Kopfkinos. Also wenn der kleine fiese „Drecksack", mir fiel jetzt kein passender Name für unseren Nikotinteufel ein, mal wieder aufmuckt rufen wir unseren Gedankentürsteher. Der regelt die Geschichte dann in aller Ruhe und Gelassenheit. Wie oft seine Faust dieses kleine „Drecksackgesicht" trifft bleibt Ihrer Fantasie überlassen.
Glaube Sie mir, es hilft und gibt ein gutes Gefühl.

Und lassen Sie Ihren Antriebsgrund NIE AUS DEN AUGEN!

Erinnern Sie sich immer an Ihren ganz persönlichen Beweggrund, schreiben Sie diesen auf und holen Sie bei Bedarf den Zettel raus.

Noch ein Tipp: Schreiben Sie mir! Senden Sie mir eine Mail. Dezent formuliert: Ich werde Ihnen schon in den Hintern treten. Gerne werde ich Ihr persönlicher Gedankenrausschmeißer. – Das ist meine Mission –

Sind die Inhaltsstoffe von Zigaretten gefährlich? Keiner der Inhaltsstoffe, die Philip Morris bei der Zigarettenherstellung verwendet, wurde als gefährlich eingestuft.

Philip Morris, 1995

Zum Abschluss möchte Ihnen noch die Geschichte vom Tabak kurz darlegen.
Wer hat die Tabakpflanze wohl nach Europa gebracht? Nein, nicht die Schweizer, die waren das mit dem Hustenbonbon.

Christoph Columbus brachte 1492 den Tabak mit über den großen Teich nach Europa.
Der Sinn der Tabakpflanze war eigentlich in der Abteilung Heilung zu suchen. Das Rauchen der Pflanze sollte gegen Kopfschmerzen, schwere Migräne und eine verstopfte Nase im Erkältungsfall dienen. So war zumindest der Ansatzpunkt.
Erst im Jahre 1881 wurde die Zigarette maschinell hergestellt.
Und im Jahre 1913 gab es die erste Zigarette, die mit den heutigen Modellen vergleichbar ist – eine Camel-.

Die Tabakindustrie ist in den letzten fast 100 Jahren zu einem Industriezweig aufgestiegen der kaum vergleichbar ist.

Im Mai 1994 hat die Tabakindustrie einen herben Rückschlag erlitten.
Jahrelang war über die Arbeit der Tabakindustrie, national wie international, kaum etwas bekannt. Das im Hintergrund eventuell die entscheidenden einflussreichen Politiker per Spenden überzeugt wurden, dass wurde bereits laut vermutet und doch fehlten meist beweiskräftige Unterlagen oder Aussagen.

Im Mai 1994 wurde direkt vor der Bürotür von Stanton Glantz ein großer Pappkarton abgestellt. Stanton Glantz war Mediziner an einer Universität in Kalifornien.
Der Inhalt der Kartonage war mehr als brisant. Er stammte direkt aus den Büros und Archiven der beiden Tabakriesen B & W und British American Tobacoo (BAT). Wer diesen Pappkarton dort abgestellt hatte ist bis heute nicht ermittelt worden, aber der Inhalt entwickelte sich zum Waterloo und fast Untergang der Tabakindustrie.

Inhalt: Zurückgehaltene Forschungsergebnisse, Bestechungen diverser Gegner, Politiker und Wissenschaftler wurden mit Zahlungen für eine positive Aussage in Richtung Tabakindustrie gekauft.
Die amerikanische Öffentlichkeit lief Sturm, war empört und es rollte eine Welle von Klagen auf die Tabakgiganten zu.
Staatliche Gesundheitsbehörden klagten auf Schadensersatz in Milliardenhöhe.
Die Industrie wurde gezwungen im Jahr 1998 weitere Dokumente zu veröffentlichen.
Diese Dokumente und Gutachten sind heute streckenweise im Internet anzusehen.
50.000 Dokumente sind allein in deutscher Sprache verfasst. Sie stammen aus den Werken von Philip Morris in Deutschland und der Schweiz.

Laut einem Dokument wird die Schweiz „als Hauptkampfgebiet“ betitelt. Nicht unbedingt verwunderlich, denn dort ist der Sitz der WHO (Weltgesundheitsorganisation).
Und viele unabhängige Experten wurden als doch nicht so unabhängig ausgezählt und namentlich veröffentlicht.

In einem der Dokumente konnte man nachweisen, dass die deutsche Regierung in den neunziger Jahren ihr Statement zum geplanten Tabakwerbeverbot in der EU fast wörtlich von der Tabakindustrie diktieren ließ!
Der Beitrag wurde in einer Fachzeitschrift im Jahr 2002 veröffentlicht. (Zeitung LANCET vom April 2002).
Ziel: Das Werbeverbot zu verhindern und das Passivrauchen als nicht schädlich darzustellen.
Unglaublich mit welchen Mitteln hier „gearbeitet" wird.

Ein harter Schlag für die Industrie, die mit Sicherheit noch heute unter diesen Rückschlag leidet. Die „Klageflut" in den USA hat zu einer Menge an Entschädigungszahlungen geführt, Milliarden wurden überwiesen. Und dennoch ist diese Industrie weiter auf dem Weg des Gewinnes. Das gilt aber nur für die Menschen die ganz oben in den Schaltzentralen sitzen, die Fäden ziehen und in der Regel im übrigen Nichtraucher sind. Der kleine Raucher von der Straße zerstört sein Leben und finanziert noch so manche Ungerechtigkeit.

Kapitel 34: Der alltägliche Wahnsinn eines Rauchers

Zum „krönenden Abschluss“ möchte ich Ihnen noch zwei Geschichten präsentieren, die den Alltag eines Rauchers außerhalb seiner vier Wände zeigt, mit allen Tücken der bösen Nichtrauchergesellschaft die Ihn umgeben.

Beide Begebenheiten zeigen den Wahnsinn, den Irrsinn dieser Sucht, den Alltag und wie man sich dennoch zum Knecht dieser Plage macht.

Ich habe vorher um Erlaubnis gefragt, dies möchte ich ausdrücklich betonen!

Also, ein guter Freund meinerseits – nennen wir ihn jetzt einfach mal Matthias – erfolgreicher Geschäftsmann, ein unglaublich ehrlicher und netter Mensch.
Problematik: Er kennt sein Laster, kann es aber noch nicht beseitigen. Noch nicht! – Das ist ein Versprechen.

Stellen Sie sich folgende Situation vor. Ein erfolgreicher und gestandener Geschäftsmann, Redner und Vortragskünstler für ein bestimmtes Produkt in der Softwareindustrie. Also, ein absolut rundes Paket dieser Mann. Lebenserfahrung, clever und cool, sportlich und auch noch ehemaliger Boxer – nichts kann diesen Mann erschüttern.
Bis auf eine Kleinigkeit. Richtig, knapp zehn Zentimeter lang, Filter auf einer Seite, die Suchtstange Nummer Eins – die Zigarette -.

Also bucht seine Sekretärin für einen auswärtigen Vortrag eines dieser schönen, schicken und angesagten Hotels in einer schicken und schönen Stadt. Dort wo Sterne noch eine Bedeutung haben, die Seife noch duftet wie in einer Parfümerie, also ein wunderschönes leicht überteuertes Hotel. Was mein Freund bei der Buchung überhaupt nicht beachtet hatte: Ein schickes, schönes und edles NICHTRAUCHERZIMMER wartet schon auf ihn!

Jeder Raucher kennt das. Der hektische Blick, wo zum Teufel ist der Aschenbecher versteckt? Diese Ungewissheit, dann die entscheidende Frage an den Pagen. „Das ist doch nicht etwa ein Nichtraucherzimmer?“
Die Nervosität steigt innerlich, plötzlich die Gewissheit:
„Mein Herr, wir verfügen im gesamten Haus nur über Nichtraucherzimmer!“

Autsch, Ende und Tiefschlag. Mist.

Und dieser Nichtrauchende Page grinst auch noch! Also was macht ein gestandenes Mannsbild in dieser Situation. Er steckt erstmal offensichtlich weg.

Plan B läuft bereits im Hinterkopf:
- Balkon, leider Fehlanzeige.
- Brüstung vor dem Fenster, leider zu klein. (Das Zimmer liegt im sechsten Stock!)

Plan C:
Mordgedanken in Richtung „nichtrauchende Hilfskraft“, die ja schließlich für dieses Schlamassel verantwortlich ist.

Das bringt aber einen Raucher nicht aus der Ruhe. Die Sucht meldet sich und die Gedanken fangen an zu rotieren. Gut, es gibt keinen Aschenbecher – kein Problem – die Asche aus dem Fenster, merkt kein Mensch.
Also ab an das Fenster und rauchen. Drei Züge und das schlechte Gewissen meldet sich an. Ja, Sie werden staunen, dass haben die meisten Raucher noch.

Wenn morgen die Putzfrau kommt stinkt es nach Rauch. Was macht der intelligente Raucher? Er greift zum Deo und ballert eine fast komplette Ladung Dose in das Zimmer.
Nachteil: Extremer Hustenanfall, Sichtweise unter zwei Meter und es stinkt jetzt wie die Hölle.

Fenster wieder aufreißen! Luft kann helfen. Luft hilft doch immer.
Nachteil: Winter, minus zehn Grad. Eiszapfengefahr an der Nase.
Diese ganze „Luftsäuberungsaktion“ dauerte fast eine ganze Stunde. Die Rauchernase signalisiert: Alles OK, Luft wieder sauber.
Leider ein kompletter Irrsinn. Jeder Nichtraucher mit einer „normalen Nase“ fällt vor Gestank erst mal hinten rüber und schlägt lang hin. Nur mal so als Info.

Das Gemeine an dieser Geschichte ist: Nach knapp einer Stunde fängt das Spiel wieder von vorne an. Die kleinen fiesen Suchtteufel melden sich zu Wort und wieder kreist anschließend das Deo durch das Zimmer.

Der Nichtraucher fast sich nur an den Kopf und schüttelt diesen. Der ehemalige Raucher kennt solche Geschichten. Er lacht leise, weiß das er aber auch nicht anders war.

Der noch aktuelle Raucher: Würde am liebsten sofort aufhören und sieht den Wahnsinn.

Ich muss zugeben, mir ist eine ähnliche Geschichte passiert. Ein absolutes NICHRAUCHERHOTEL, überall Verbotsschilder, keinen Balkon – keine Möglichkeiten vor dem Hause zu inhalieren.

Also direkt ab in das Badezimmer. Klein, nicht gerade geräumig – aber egal. Keiner sieht was ich zu verbergen habe.
Wissen Sie was wirklich fies ist? Ein Rauchmelder im Badezimmer! Sauerei, wer kam nur auf diese vollkommen hirnrissige Idee?

Natürlich hat er nicht „gerauchmeldet". Aber ich habe mich für ein paar Minuten wirklich schlecht gefühlt. Angstzustände über eine anrückende Feuerwehr. Ein Hausmeister der die Tür aufbricht, alle Insassen die über eine Notfallleiter in den Hof geschleust werden.

Ja und dann sitze ich da ja noch auf der Toilette, die Zigarette im Mund . . . Und wer hat Schuld. Natürlich die Zigarettenindustrie.....

Ein sehr unangenehmer, wenn auch eigentlich vollkommen absurder Gedanke.

Im Laufe der letzten Monate habe ich verstärkt, vermutlich eher unbewusst auf weitere Rauchergeschichten geachtet. Erstaunlich welcher Einfallsreichtum möglich ist, welche Energie freigesetzt wird.

Ich würde Ihnen gerne die „Rauchergeschichte“ einer sehr guten Freundin erzählen, dass perfekte Beispiel einer solchen Energie – geleitet durch die kleinen Teufel ....
Die Dame die ich meine, ich nenne Sie einfach mal Frau A ist vermutlich das perfekte Beispiel.
Stellen Sie sich eine so genannte Powerfrau vor, die in allen beruflichen Lagen die „Hosen an hat“, Ihr Zepter der Organisation schwingt und alles im Griff und im Augenschein hat. Na ja, als rauchender Büromensch hat man gerade in den südlichen Gefilden der Republik natürlich ein gewaltiges Problem. Rauchverbot in den Büroetagen!
Schlecht wenn das Büro die Größe einer Damenumkleidekabine erreicht und auch noch zusätzlich über die Durchsichtigkeit eines Glaskastens verfügt.

Welche Gedankengänge entwickelt nun die Rauchergemeinschaft?
Stellen Sie doch einfach mal eine spanische Wand vor. Sie wissen schon, ein klappbarer Sichtschutz der in der Raummitte platziert wird. Und nun kommt eine gewisse Anzahl von Rauchern ins Spiel. Bildlich zur Verdeutlichung: Eine Handvoll Hühner sitzen auf einer Stange und rauchen mehr oder weniger genüsslich eine Zigarette.
Und das ist diese kleine Wand, recht unbeeindruckt steht diese in der Raummitte und der Rauch dringt rechts, links, oben und unten an dieser derweil gelben Wand vorbei. Sie kennen den Filmklassiker „FOG – Nebel des Grauens“?

Da ist also diese durchsichtige Bürokabine im Format einer Umkleidekabine, für Raucher eine Oase der Entspannung (wenn man nicht gerade hustet und seinen Nachbarn noch erkennen kann) und für einen Nichtraucher vermutlich ein Test der Atemwege.

Ich mag hier ein wenig überspitzt die Situation beschreiben, aber es passiert so Tag für Tag und es zeigt den Ideenreichtum eines Rauchers. So manch anderer langt sich ans Hirn und schüttelt den Kopf, so unterschiedlich können Ansichtspunkte sein.
Diese wahre Geschichte soll zum Schmunzeln und gleichzeitig auch zum Nachdenken anregen.

Derweil habe ich schon viel Resonanz bekommen und einige Leser haben auch schon auf meinen Feedbackaufruf reagiert. Mit „zurück ins Leben – rauchfrei" habe ich bereits ein kleine aber feine Leserschaft erreicht und freue mich natürlich auch weiterhin auf einen Gedankenaustausch, Informationen, Kritik und Lob. Kleine Randnotiz: Huldigungen und Lobpreisungen ziehe ich persönlich vor, Geschenke und Präsente nehme ich abwährend an – aber ich nehme Sie an. So als Info ...

Jeder Buchleser hat es wirklich bis dato geschafft dem blauen Dunst zu entfliehen, dass macht mich dann doch ein wenig Stolz – keine Frage.
Leider gab es den einen oder anderen Rückfall, meistens nach ein paar Wochen – nicht sofort innerhalb der ersten Stunden. Nein, Wochen und teilweise Monate sind vergangen und dann kam der „Knipseffekt" und das alte Laster wurde wieder aktiviert. Und wie befürchtet kam jedes Mal die Ansage: Ich weiß nicht warum ich wieder angefangen habe.

Oft fällt auch der Satz: „Würde es doch eine Pille gegen das Rauchen geben. Ein Rezept gegen die Sucht".
Meistens lautet meine Antwort: Gibt es doch. Es liegt in Dir. Jeder hat dieses Rezept bereits dabei, die Pille gegen das Rauchen ist bereits im Kopf vorhanden, man muss Sie nur finden wollen und auch einsetzen.

Manchmal ist es ein Aha-Erlebnis, oder ein Einfaches „ich will aber jetzt aufhören". Jeder Mensch hat sein eigenes Rezept, wie jede Person einzigartig ist – so ist auch die Methode einmalig und vermutlich auch nur für diese Person geeignet – jeder benutzt sein passendes Rezept. Beispiele habe ich Ihnen ja bereits geliefert und meinen Antriebsgrund kennen Sie ja bereits.

Eine ganz besondere Geschichte möchte Ihnen noch ans Herz legen. Tenor dieser Geschichte: sofortiges und ungewolltes Aufhören und baldiger „Rückfall in alte Laster".
Hauptdarsteller meine Frau, der Name wird vom Autor jetzt mal nicht entfremdet. Was aufgrund des Namens des Autors, der auch noch auf dem Cover prangert, nicht wirklich besonders sinnvoll wäre.
Also, Frau N. und schlussfolgernd Ehefrau von Herrn Nowoczin hatte die absolut vertrauenswürdige Aufgabe des Korrekturlesens der Ausgabe „Zurück ins Leben – rauchfrei". Was sagt der Raucher vorab: „Ich höre auf keinen Fall auf! Und Dein Buch wird mich überhaupt nicht beeindrucken!" Zur Untermalung wird noch der Zeigefinger erhoben und wild gefuchtelt.
Gut – war ja auch nicht Aufgabe und Plan. Eine fehlerfreie Ausgabe war mein Ziel, nicht mehr und weniger. Das Ende vom Lied: Meine Frau hörte sofort auf, alle gebunkerten Zigaretten flogen im hohen Bogen in die Tonnen. Das Rauchen war für immer und ewig erledigt! Ich hatte eine korrigierte Buchfassung, eine „rauchfreie Frau" – Herz was willst Du mehr, nicht geplant aber gerne angenommen.

Welcher Antriebsgrund hatte meine Frau zur Umkehr bewegt? Eigentlich ein einfacher Klickeffekt! In der unserer Jugend galt man als dazugehörig wenn man rauchte. Der Gruppenzwang – seht her – ICH BIN COOL! –

Das war Ihr Antriebsmuster über Jahre hinweg. Und heute? Eine gestandene Frau, mitten im Leben, erfolgreich im Beruf und Familienmensch – ausgeglichen bis in die letzte Faser. Plötzlich hat es BUMM gemacht, warum sollte Sie heute noch rauchen? Sie führte derweil Gruppen an, zu Ihr wird aufgeschaut – und rauchen ist nicht mehr cool. Die Zipperlein wie Husten etc. werden immer schlimmer. Nein, dazugehören definiert sich heute anders.
Doch bereits in den ersten Tagen und Wochen zogen dunkle Wolken über unser kleines Nichtraucherparadies. Stimmungsschwankungen! Und diese nicht zu knapp. Jetzt bin ich ja als Kämpfer für eine dunstfreie Umwelt bekannt und nun stellen Sie sich bitte vor ich lasse folgenden Satz von mir: „Bitte fang einfach wieder mit dem Rauchen an, so ist es unerträglich!".

Sie können ungefähr die dunklen Wolken erahnen die dort schwebten. Ich hatte meine Mission, die ich ja eigentlich auch gar nicht so wollte, komplett verfehlt.
Meine Frau raucht heute wieder regelmäßig und ich musste eine neue Erfahrung machen. Ein wirklicher Klickeffekt wird gesucht, dann wenn die Zeit reif ist und die Voraussetzungen wirklich geschaffen sind.
Das habe ich durch diese Aktion begriffen. Es funktioniert nur wenn man es zu 100% auch will, wie vermutlich die meisten Dinge im Leben.

Eine große Anzahl von Mails lassen mich weiter auf eine rauchfreie Zukunft hoffen. Viele Leser schreiben fleißig Ihren Kommentar und lassen mich so eine echte Resonanz spüren, dass macht mein Schreiben einfacher und ich kann manche Dinge auch differenzierter betrachten.

Kapitel 35: The End

Und unter uns „Klosterschwestern“: es hat wirklich Spaß gemacht dieses Buch zu schreiben. Vielleicht ist eine tägliche Schreibarbeit auch für Sie eine Hilfe. Ich konnte mich so sehr gut ablenken und eventuell Ihnen auch einen Weg öffnen.
Schreiben Sie in Foren und tauschen Sie sich ruhig aus. Die Welt ist dank Internet sehr klein geworden und es gibt eine Menge an Leidensgenossen mit dem gleichen Ziel.

Ich würde mich über Anregungen, Kommentare und natürlich auch Kritik sehr freuen. Gerne würde ich Ihre Gedanken erfahren, Ihre Geschichte hören und vielleicht können Sie mir auch Erfolge berichten. Mit Ihrer Hilfe wird dieses Buch wachsen, jeder wird einen anderen Antrieb gehabt haben. Stellen Sie sich vor, in ein paar Jahren ist dieses Buch auf Erfahrungen und Berichten der Leser aufgebaut und wird für jeden Neuleser die passende Antwort haben.

Bitte teilen Sie mir Ihre Meinung mit. Sie können mich jederzeit unter info@mental-soul.de erreichen.

Ich hoffe wirklich vom Herzen, ich konnte Ihnen ein neues Stück Lebensqualität mitgeben. Dieser altbekannte Satz: Ich zeige Ihnen die Tür, durchgehen müssen Sie selber – er hat eine gewichtige Bedeutung und entspricht der Wahrheit.

rauch freie zone

Einfach ausgedrückt: Da hat der Schreiner ein Loch gelassen und nun geh` schon.

Herzliche Grüße Ihr

Thorsten Nowoczin

www.Mental-soul.de

Danksagung:

Ich danke allen Personen die an mich glauben und immer für mich da sind:

Meine Frau Sylvia Nowoczin

Ich habe das gemacht was mir unglaublich viel Spaß bereitet hat und hoffe einen Teil zur RAUCHFREIEN WELT beitragen zu können.

Ich denke meine Kinder werden es Ihnen danken.

Zur Person:

Thorsten Nowoczin: Ein 69er Ruhrpottler mischt die Welt auf und will noch so manchen auf seinen ganz eigenen persönlichen Erfolgsweg bringen.

Freiberuflicher Dozent in der Bildung von Erwachsenen und Jugendlichen.

Als Sozialpädagoge im Bereich der Jugendarbeit unterwegs.

Abgeschlossenen NLP Ausbildung für Führungskräfte

Glückreich - Abgeschlossene Coach & Speakerausbildung

Seminare & Beratung (www.Mental-soul.de)

Schlagzeug - Coach & Seminarleitung im Drum - Online - Bereich (www.Learning-drums.de)

Produzent für diverse Künstler im Musikbereich, Erstellung und Vertrieb von Kunstwerken und Gründer der Art-Rebels-Community.

(www.art-rebels.de)

Über zwanzig Jahre Raucher – gewesen! –

Lebensmotto: Habe Spaß und lebe mit Leidenschaft.

Herzliche Grüße
Thorsten Nowoczin

Zurück ins Leben

„Mit dem Rauchen aufhören ist kinderleicht, ich habe es schon hundertmal geschafft"

Mark Twain

Printed by Books on Demand GmbH, Norderstedt / Germany